I0510283

Establecimiento de Objetivos y Gestión de Equipos con los OKR (Objetivos y Resultados Claves)

Guìa para Adquirir habilidades y liderar efectivamente tu negocio.

2da. Edición

Thomas Pearson

Tabla de Contenidos

Introducción

Inspirar a un equipo de profesionales para que trabajen juntos y logren un objetivo ambicioso, no es una tarea fácil. Entonces, ¿cómo lo haces?

- ¿Cómo puedes motivar a tu equipo para que se comprometa con una tarea complicada?
- ¿Cómo te aseguras de que cada miembro de tu equipo participe en una búsqueda productiva, siguiendo siempre la visión de tu empresa?
- ¿Cómo saber qué departamentos están funcionando de manera efectiva y cuáles están estancados?
- ¿Cómo inspirar a las personas a "mantener un mismo rumbo" y perseguir un propósito mayor?

Aquí está el truco:

Debes ir más allá de las simples "listas de tareas" y los reportes de responsabilidad. Se necesita más que una simple "reunón trimestral de empleados" para saber si un trabajador realmente está produciendo en beneficio tuyo.

Necesitas un método más objetivo para medir la productividad.

¡Necesitas los OKR!

Entonces, ¿qué son los "OKR"? Te preguntarás.

Los OKR son un marco organizativo para establecer los objetivos de la empresa y hacer un seguimiento del progreso de las actividades. Este libro te enseñará cómo instaurarlos en tu lugar de trabajo. Pero, aun más importante, este libro te enseñará cómo los OKR te permiten crear un equipo increíblemente efectivo (un "equipo de ensueño"). Uno que esté listo para superar cualquier obstáculo y realizar cualquier objetivo ambicioso que les asignes.

Sigue leyendo y comprenderás por qué tantas empresas de Silicon Valley (como Twitter, LinkedIn y Google) han adoptado la técnica de gestión de los OKR. Asi que, sin más preámbulos, comencemos nuestra introducción a los OKR.

Una breve historia de los OKR

Los OKR no son un concepto completamente nuevo. De hecho, son un conjunto de técnicas comprobadas y eficaces de rastreo de objetivos para la gestión de negocios, que han sido restaurados, para satisfacer las necesidades de los profesionales que trabajan en el siglo 21.

Técnicas similares se remontan a los Titanes de la Gerencia (como Henry Ford), quienes creían que la gestión empresarial podría dividirse en una cadena de procesos. Él entendió que la producción de los empleados podía medirse objetivamente. Y esa capacidad de producción diaria podría predecirse y ajustarse.

Durante la década de 1950, el gurú de la gestión Peter Drucker ideó su esquema para los "objetivos de gestión" corporativos. Hasta entonces, todos se enfocaban solo en los números en bruto. La introducción de su concepto sin duda mejoró los números, pero también ayudó a lograr objetivos auxiliares específicos. Drucker llamó a esta técnica "Gestión por objetivos" (o MBO por sus siglas en inglés). En la actualidad, la mayoría de las compañías "Fortune 500" emplean al menos una de estas técnicas de fijación de objetivos. Algunas empresas tienden a establecer objetivos anuales, y otras emplean un proceso de establecimiento de objetivos semestral. Pero el objetivo final es el mismo: medir de manera más adecuada el desempeño y el progreso de toda la organización.

Andy Grove

En la década de 1960, a Andy Grove, el cofundador de Intel, se le ocurrió el concepto que más nos interesa: los OKR (Objetivos y Resultados Claves) .Grove no intentó simplemente reescribir el concepto de Drucker de la "Gestión por objetivos" (MBO). Además de ello, se concentró en emparejar (lo que llamó) "Resultados Claves" con sus propias métricas para las metas (objetivos) de la organización. Según Andy Grove, estos "Resultados Claves" deben ser hitos fijos en el tiempo que ayuden a la fuerza laboral a avanzar en la dirección adecuada: alcanzar objetivos ambiciosos a futuro.

Otro cambio que Grove hizo al método MBO de la vieja escuela fue aseverar que los objetivos y los resultados claves deben fluir de abajo hacia arriba en la organización. Deben comenzar en el nivel base (los empleados) y fluir armoniosamente hacia arriba (a los peces gordos), y volver a bajar, de manera tortuosa. Esto introdujo una sensación de "empoderamiento de los empleados" en el proceso. Porque, hasta entonces, era típico que las empresas simplemente establecieran objetivos para los altos niveles de responsabilidad y luego esa responsabilidad, sea trasladada a través de los pisos de la organización, a los empleados. Pero el método de Andy

Grove le dio a los líderes de su equipo más libertad para trabajar junto a la visión de la alta gerencia, sin estar restringidos por ella.

Otro concepto que Grove introdujo fue (lo que el llamó), el "Objetivo flexible." Estas son metas que son casi imposibles de alcanzar por completo. A Andy Grove le gustaba decir:

---

el 70% es el nuevo 100%.

Lo que significa que si solo se lograra el 70% de una meta sería excelente, porque la meta inicial, por sí misma era tan ambiciosa, que incluso lograr una simple fracción de la meta era algo bastante satisfactorio.

Este audaz marco de objetivos (los "objetivos flexibles") tiende a tener un efecto psicológico positivo en los empleados, alentándolos a apuntar alto y pensar fuera de la caja. (En este libro hablaremos mucho sobre "objetivos flexibles").

John Doerr

Durante la última parte de la década de 1990, el marco OKR se extendió por todo Silicon Valley como un incendio forestal. Todo comenzó con John Doerr, socio de una de las firmas de capital de riesgo más exitosas del país: Kleiner Perkins. Doerr estaba familiarizado con los OKR, porque había trabajado en Intel, bajo el liderazgo de Andy Grove. Y los implementó en Silicon Valley.

Una vez que las otras compañías en el valle comenzaron a notar el éxito de Grove, pronto siguieron su ejemplo, adoptando sistemas OKR similares y ajustándolos a sus necesidades.

Google

Una de las mejores historias de éxito de los OKR no es otra que la de Google. Toda la empresa, desde el escalón más alto de la gerencia hasta todos los empleados por debajo de ellos, establece sus OKR trimestralmente; una práctica que funciona bien para el ritmo rápido que concierne el mundo de la Web 2.0. En Google, cada empleado establece sus OKR digitalmente, y la información se hace pública en la intranet de la empresa. Esto permite una transparencia armoniosa de la fijación de objetivos. Los OKR en cada nivel son accesibles y visibles para todos. Por lo tanto, si un equipo no está alineado, se detectará automáticamente y esto hará que las metas sean más fáciles de calificar y modificar.

Son estos atributos de "transparencia de objetivos" y "objetividad" los que hacen de los OKR un método de gestión tan rico para el lugar de trabajo en estos tiempos (si esta tecnológicamente habilitado). Y una vez que comprendas y aprecies su valor, te resultará fácil entender por qué tantas compañías tecnológicas los han adoptado rápidamente.

Ca 1: ¿Qué son los OKR?

Ahora que conoces un poco sobre la historia (y la utilidad) de los OKR, probablemente todavía te estés preguntando: "¿Qué demonios son los OKR?"

Podemos resumirlo en una oración:

Los OKR son un marco para alcanzar los objetivos de la organización, mediante el empleo de un sistema simple para la fijación de objetivos y el seguimiento del progreso.

Recuerda, el acrónimo OKR significa "Objetivos y Resultados Claves." Entonces, hay dos partes que componen un OKR:

- Por una parte están los "Objetivos"
- Por otra parte están los "Resultados Claves."

Por supuesto. Hablemos primero de los Objetivos.

Objetivos de los OKR

¿Qué es un "objetivo" para los OKR?

Simplemente significa tener un "Objetivo Ambicioso" para tu empresa. Ahora, debes tener cuidado de no elegir un objetivo que sea demasiado etéreo, como:

- "Quiero ser rico."
- "Quiero que mi empresa crezca."
- "Quiero ganar mucho dinero."

Todos queremos ganar más dinero. Pero estos objetivos son demasiado vagos para ser objetivos de los OKR.

Según Andy Grove, los objetivos de los OKR deben ser: "cualitativos, medibles, accionables y ambiciosos."

Por ejemplo, supongamos que administras una compañía de seguros, y conseguir que los usuarios se registren en el formulario de tu sitio web es lo que te ayuda a obtener suscriptores de pago. (es decir, lograr que las personas se registren en tu sitio web significa que ganas dinero). Por lo tanto, disminuir la duración y la complejidad del proceso de registro tendría un valor especifico para ti.

Entonces, en lugar de establecer un objetivo trillado como: "Quiero más dinero" o "Quiero más clientes", un mejor objetivo (lo que llamamos el "objetivo OKR") podría ser:

Para el próximo trimestre quiero reducir a la mitad el tiempo que les lleva a los usuarios registrarse en mi sitio web.

Ese es un buen objetivo.

Para las empresas con formularios web detallados (como las compañías de seguros, financieras o hipotecarias), este puede ser un objetivo fructífero que conllevará a obtener mayores beneficios monetarios. Y debido a la complejidad de tales formularios, reducir el tiempo de registro a la mitad es bastante ambicioso.

Recordemos nuevamente la cita de Andy Grove: "70% es el nuevo 100%." Por lo tanto, incluso si tu equipo no tiene éxito completando este objetivo, está bien. Porque lograr una fracción de el, aumentará el número de suscriptores y (por supuesto) te hará ganar más dinero.

Eso cubre la primera letra de nuestro acrónimo OKR. La "O" significa "Objetivos."

Resultados Claves de los OKR

La "KR" significan "Resultados Claves."

Entonces, ¿Qué son los Resultados Claves?

Los resultados claves describen los métodos y las métricas mediante las cuales haremos realidad nuestro objetivo. Por lo general, debes elegir tres o cuatro resultados claves por objetivo.

Recordemos nuestro objetivo OKR nuevamente. Este era:

"Para el próximo trimestre, quiero reducir a la mitad el tiempo que les lleva a los usuarios registrarse en mi sitio web."

Entonces, hagamos una lluvia de ideas y enumeremos tres resultados claves que nos ayudarían a completar este objetivo.

- Resultado clave n.1: Entrevista a 100 clientes y pídeles que describan el por qué encontraron que tu sitio web es complicado de usar.
- Resultado clave n.2: Disminuye la cantidad de tiempo que tarda la página web en procesar la entrada del formulario del usuario en 5 segundos.

- Resultado clave n.3: Determina si hay algún campo que puedas eliminar del formulario web, para reducir el número de pasos en el proceso de registro.

Por lo tanto, considera que estos tres resultados claves son los tipos de tareas en las que podrías verte trabajando, rastreando y delegando al equipo de tu sitio web.

Si tu equipo logra cumplir estas tareas, entonces estarás en el camino correcto para lograr tu objetivo.

Los resultados claves no son simplemente líneas en una lista de tareas pendientes. Al contrario, al mirar nuestros tres resultados claves, notarás que cada uno es:

- cuantificable
- calificable objetivamente,
- ambicioso,
- alcanzable.

Los resultados claves generalmente contienen un valor numérico y deben ser rastreables a lo largo del tiempo. Por lo tanto, pueden basarse en muchos criterios, como el crecimiento, el rendimiento, la participación o los ingresos. Pero lo mas importante, un resultado clave es calificable objetivamente, por lo que su cumplimiento no está abierto a interpretación alguna.

Resumen

Hagamos un repaso breve de esto nuevamente, para que puedas entender este concepto.

Entonces, OKR es un marco de gestión. El acrónimo significa "Objetivos y Resultados Claves."

¿Qué es un "Objetivo"?

Un objetivo es una meta específica para tu empresa. Nuestro ejemplo fue:

"Para el próximo trimestre, quiero reducir a la mitad el tiempo que les lleva a los usuarios registrarse en mi sitio web."

Cumplir este objetivo obviamente sería fructífero para el ejemplo de nuestra compañía de seguros, y brindaría a nuestro equipo un destino claro hacia donde trabajar.

Piense en el Objetivo OKR como un destino, en su viaje hacia el éxito.

¿Qué es un "Resultado Clave"?

Un resultado clave es una métrica con un objetivo que alcanzar. Los resultados claves ayudan a medir el progreso que hemos logrado en pos de alcanzar nuestro objetivo principal del OKR.

Recordemos, en nuestro ejemplo, el resultado clave # 1 fue:

Entrevista a 100 clientes y pídeles que describan el por qué encontraron que tu sitio web es complicado de usar..

Puedes usar tus resultados claves de la misma manera en que resaltarías los trayectos alcanzados en un largo viaje. Son marcadores en el camino, que te permiten saber que está andando "en el camino correcto", hacia tu objetivo.

Sobre los Nombres Confusos

Algunos lectores encuentran confusa la terminología en OKR (Objetivos y Resultados Claves). Entienden lo que es un "Objetivo", claro esta. Pero la terminología de "Resultados Claves" es un poco extraña para ellos.

Como bien dice John Doerr:

El Objetivo es lo que quieres lograr. El Resultado Clave es el "Cómo lo voy a lograr."

La razón por la cual la segunda parte, de la frase "Resultados Claves" es confusa, es porque (en inglés) la palabra "Resultado" a menudo se usa de manera similar a la palabra "Objetivo." Como en:

"Trabajé en esta mina durante 10 años y, como resultado, me hice rico descubriendo diamantes."

En esta oración, el resultado del trabajo, al que se refiere el orador, es similar al objetivo del trabajo: el objetivo era encontrar diamantes y hacerse rico. Pero, en OKR, el término "Resultado Clave" no se refiere a nuestro objetivo final futuro. Más bien, los Resultados Claves se refieren a los pequeños trayectos que hemos pasado (puntos claves) en el camino hacia el logro de nuestro "objetivo" principal.

Personalmente, en lugar del término "Resultados Claves", hubiera elegido un nombre diferente. Quizás el término "Resultado de Trayecto Alcanzado" es mejor que el término "Resultado Clave."

Pero, en cualquier caso concentremonos en este nombre por ahora. Tendremos que vivir con esto. Pero al final de cuentas, solo quería tomarme un momento para mencionar esto que posibiblemente te haya dado un poco de confusión. Si el término "Resultados Claves" te confunde, no eres el unico.

Solo recuerda, en OKR (Objetivos y Resultados Claves):

- El "Objetivo" es el objetivo específico futuro que deseas alcanzar.

- Y, los "Resultados Claves", son las tres o cuatro tareas distintas entre ellas que ayudan a medir tu progreso, y te dicen si estás en el camino correcto para alcanzar el Objetivo. Recuerda, cada objetivo OKR debe tener unos 3 o 4 resultados claves asociados.

Otro ejemplo de los OKR

Dicho esto, veamos otro ejemplo de OKR. Supongamos que nuestro objetivo OKR es:

Duplicar el tráfico de nuestro sitio web para el próximo trimestre.

Este es un buen objetivo OKR porque tiene una métrica medible (es decir, duplicar los números del tráfico de nuestro sitio web) y un marco de tiempo establecido (es decir, "para el próximo trimestre").

Asi que, para este objetivo, nuestros resultados claves podrían ser:

- Resultado clave n.1: Escribe y publica al menos 10 nuevos artículos web por mes.
- Resultado clave n.2: Contactar a 20 propietarios de sitios web en tu nicho y preguntarles si puedes entrevistarlos para tu podcast.
- Resultado clave n.3: Iniciar una lista de correo electrónico e intentar registrar el 25% de tu base de clientes existentes.

Observa que cada uno de estos tres Resultados Claves tenga una línea de meta establecida, objetivamente.

- Escribir 10 artículos.
- Contactar con 20 propietarios de sitios web.
- Registrar el 25% de tus clientes.

Por lo tanto, tus resultados claves pueden funcionar como un tipo de lista de tareas pendientes. Pero, también deben tener asociada una métrica cuantificable. Entonces, cuando estés escribiendo tus Resultados Claves, siempre pregúntate:

¿Qué valores mide este Resultado Clave?

Si te toma un tiempo responder esta pregunta, es posible que hayas elegido un resultado clave equivocado porque cada resultado clave debe contener obviamente una métrica clara a seguir.

El valor de los OKR

Al comienzo de este capítulo, le preguntamos a nuestro hipotético dueño de negocio cuáles eran sus objetivos. Y él respondio: "Quiero ser rico."

Ahora que hemos explorado el proceso de los OKR, espero que te quede claro cuán contundente fue su respuesta inicial. Asi mismo espero que comiences a ver por qué adoptar un enfoque estructurado para establecer objetivos corporativos puede ser tan beneficioso.

Este es el inmenso valor que los OKR tienen para ofrecerte. No debería ser una sorpresa que tantas compañías importantes de Silicon Valley hayan adoptado esta técnica. Comenzando con Intel, pero luego siendo acogida por Twitter, Zynga, LinkedIn y Google.

Los OKR revelan una técnica obvia (pero esquiva) de fijación de objetivos, que puedes emplear en todos los niveles de tu empresa. Y asegúrate de que tus empleados estén trabajando en armonía, hacia una visión corporativa compartida.

Es importante que comprendas la utilidad de los OKR y que comprendas cómo se crean, antes de continuar con tu entrenamiento de los OKR. No tengas miedo de leer este capítulo nuevamente, si los conceptos todavía están un poco confusos en tu mente. Puedes practicar escribiendo algunos buenos objetivos de OKR para tu propia empresa. El resto del marco OKR depende justamente de esta capacidad, así que tómalo en serio.

A medida que te familiarices íntimamente con los conceptos de los OKR, es posible que te preguntes cómo fué que dirigiste tu negocio sin ellos.

Ahora, entremos más en el detalle y aprendamos más sobre los OKR.

Ca 2: ¿Son adecuados los OKR para tu empresa?

Si bien todos pueden beneficiarse de la adopción de un marco estructurado (basado en métricas) para establecer objetivos como los OKR, el grado en que tu empresa adopte esta metodologia dependerá de ti.

Como se mencionó anteriormente, algunas compañías de Fortune 500 han implementado costosas soluciones basadas en software personalizados para el seguimiento y monitoreo de los OKR de sus empleados. Pero para otros ejecutivos el simple hecho de mantener un libro de registro de los OKR del personal escrito a mano es suficiente para llevar a su empresa por el buen camino.

No todas las empresas del planeta necesitan obligar a cada uno de sus empleados a adoptar los OKR. En este capítulo, te ayudaremos a determinar qué nivel de adopción podría funcionar para tu empresa.

Evaluar la situación actual

Antes de que puedas implementar los OKR, deberás abordar algunas preguntas críticas. Algunas de estas preguntas pueden parecer triviales, pero en realidad son bastante importantes ya que pueden revelar algunos datos subyacentes necesarios sobre tu empresa. Los resultados que obtienes hoy podrían desempeñar un papel importante para ayudarte a comprender el proceso de establecer metas con los OKR.

Las siguientes preguntas deben ser abordadas por los departamentos gerenciales y ejecutivos. En lo específico, estas preguntas deben ser respondidas por todos los responsables del resultado de tus objetivos corporativos. Y podría ayudar el documentar cuidadosamente tus respuestas, porque los objetivos corporativos (por supuesto) cambiarán con el tiempo.

Aquí hay algunas preguntas para los tomadores de decisiones:

- Pregunta 1: ¿Hemos estado estableciendo objetivos estructurados hasta ahora? ¿Tenemos alguna meta apremiante en este momento? (Nota: un número sorprendente de compañías ni siquiera tienen un objetivo explícito, por lo que está bien si la tuya aún no lo tiene).

- Pregunta 2: ¿Cuál fue el objetivo original al establecer estos objetivos?

- Pregunta 3: ¿Te satisface el status quo actual?

- Pregunta 4: ¿Alguno de sus procesos de gestión existentes tiene margen de mejora?

Ahora, aquí hay algunas preguntas para tus empleados o los miembros del equipo que administras:

- Pregunta 1: ¿Estás contento con la forma en que se persiguen los objetivos en este momento? ¿Crees que la empresa necesita un nuevo marco para establecer objetivos?

- Pregunta 2: ¿Con qué frecuencia actualizas tus objetivos?

- Pregunta 3: ¿Tu gerente comparte algún feedback contigo sobre el progreso de tu objetivo?

- Pregunta 4: ¿Cree que la forma en que medimos los objetivos ahora es una medida objetiva de éxito o fracaso?

- Pregunta 5: ¿Existe una conexión real entre las tareas diarias que realiza y los objetivos que establece?

- Pregunta 6: ¿Cree que usted (y su equipo) tienen una opinión justa al elegir los objetivos?

- Pregunta 7: ¿Sientes que tus objetivos te inspiran y te motivan a mejorar?

- Pregunta 8: Si tuvieras la oportunidad de cambiar o mejorar el proceso de establecimiento de objetivos, ¿que cosas sugerirías?

Es posible que debas permitir que tus empleados envíen sus respuestas de forma anónima. Esto hace que la retroalimentación sea menos sesgada y mantiene a todos honestos y objetivos. Por supuesto, puedes usar herramientas de encuestas gratuitas como los Formularios de Google (Google Forms) para recopilar las respuestas de forma digital y anónima.

Además, asegúrate de analizar a fondo los comentarios de tus empleados y reconocer sus buenas ideas. Al final guarda sus respuestas para una referencia en futuro.Cuando mires hacia atrás estas respuestas en el futuro, te sorprenderá lo lejos que has llegado y cómo han cambiado las cosas en tu empresa.

Compatibilidad con los OKR

Como se mencionó anteriormente, los titanes tecnológicos como Google, LinkedIn y Spotify utilizan regularmente los OKR. Hay una razón por la cual los OKR funcionan tan bien en estas organizaciones. Todas estas empresas tienen valores corporativos que resuenan con la filosofía de los OKR. Lo que es más importante, creen en la transparencia entre la fuerza laboral y en fomentar la creencia de una noble visión corporativa.

Hagamos una lista de algunas características claves (valores y comportamientos críticos de la compañía) que una organización debería tener, si espera lograr la adopción exitosa de los OKR.

#1 Transparencia

Muchas compañías toman la via convencional del intercambio de información y operan sobre la base de la "necesidad de saber" o "según el grado de pago." El marco OKR no implica necesariamente que una organización deba compartir todo con todos los empleados pero deben esforzarse por compartir lo más posible, por el objetivo establecido. La transparencia fomenta un ambiente de confianza e llevará a los empleados en la dirección correcta.

2 Un objetivo claro y ambicioso.

Un propósito o visión clara es importante en la fijación de objetivos. En las grandes empresas, a veces puede parecer que las tareas se distribuyen desde los "dioses sin nombre en las alturas" (rígidos corporativos sin rostro). Y cuando los empleados no pueden reconocer por qué su "tarea del día" tiene algún valor, están menos motivados para hacerlo.

En los OKR, tratamos de mantener el proceso de establecimiento de objetivos, ambicioso. Las empresas que utilizan con éxito los OKR creen que es importante desafiar a sus empleados con un objetivo inspirador y significativo.

3 Elevado compromiso de los empleados

Casi cualquier compañía que adopte los OKR mostrará un aumento en el compromiso de los empleados. Pero si tu lugar de trabajo ya tiene un elevado compromiso por parte de los empleados, pues mucho mejor. Dichos entornos son más propicios para la adopción de los OKR.

¿Los OKR son compatibles con los marcos ágiles?

Parece que todo es "ágil" en estos días.

El término "ágil" aparece en diferentes dominios corporativos, particularmente en varios sectores de la industria tecnológica. Por ejemplo, hay un compromiso ágil de los empleados, desarrollo ágil de software, gestión ágil de proyectos, etc.

En términos generales, un marco "ágil" simplemente se refiere a una división de tareas en segmentos cortos de trabajo, seguido de reevaluaciones frecuentes y adaptación de planes. Una metodología "ágil" alienta a los empleados a evaluar rápidamente el trabajo que han realizado y a hacer correcciones rápidas del curso según sea necesario.

Entonces, ¿Qué hace que los OKR sean congruentes con un "marco ágil" para establecer objetivos?

Varias cosas:

- Los OKR son compatibles con el cambio y alientan a los gerentes a descartar objetivos que no funcionan.

- Los OKR a menudo usan un sistema de registros regulares y actualizaciones semanales, que ayudan al equipo a mantenerse encaminado para terminar los objetivos.

- Los OKR fomentan la comunicación y la colaboración entre niveles corporativos. Los objetivos de gestión son reflejados y complementados por los empleados en los niveles inferiores.

- Y, los OKR fomentan la comunicación cara a cara durante las reuniones de evaluación periódicas.

Si tienes un proceso existente de gestión ágil, los OKR deben encajar perfectamente en tu esquema de operaciones existente. Los OKR tienden a complementar muy bien el espíritu de agilidad, tanto para tus objetivos a corto como a largo plazo.

Los cuatro mayores beneficios de los OKR

¿Tienes un destino en mente cuando realizas una caminata tranquila con tu familia? Tal vez no. Y eso está bien, para salidas recreativas.

Pero, cuando se trata de trabajar, esquivar (sin razón alguna) no es mas que una mala decisión. Sin una visión clara para tu empresa, terminarás perdiendo tu tiempo y el de tus empleados.

Esto debería ser obvio. Sin embargo, a medida que te acostumbras a implementar los OKR en tu propia empresa, es posible que te sorprendas por la cantidad de empresas que deambulan sin rumbo y sin ningún objetivo.

Los OKR pueden ser un salvavidas para tales empresas. Cuando configures los OKR para tus empleados, les estarás dando el regalo mas precioso que es el de tener de un destino establecido hacia el cual dirigirse. Esto no solo mejora la productividad, sino que también reduce el tiempo perdido, el esfuerzo y el capital.

Específicamente, aquí hay cuatro beneficios principales de los OKR. Cuando se implementa correctamente, esto es lo que puedes esperar ver en tu propia organización:

- Incremento del enfoque
- Armonía de la fuerza laboral
- Rápida innovación
- Compromiso de los empleados

Ahora exploremos cada uno de ellos.

1 Incremento del Enfoque

¿Qué es lo que deberías (o no deberías) hacer como organización?

¿Qué es lo que tus empleados deberían (o no deberían) hacer?

Es obvio que el "enfoque" mejora cuando la organización tiene objetivos definidos para trabajar. Los OKR mejoran tu capacidad de concentrarte en tareas específicas y priorizar estas tareas en una jerarquía de importancia.

Una organización, sin objetivos concretos, a menudo fallará. Pero cuando todos los equipos de una organización y cada empleado sepa claramente cuáles son sus roles, entonces la productividad (y casi con toda seguridad) aumentará.

2 Armonía de la Fuerza Laboral

Cuando cada equipo y empleado de tu organización ha seguido los pasos explicados en los capítulos anteriores, y está siguiéndolos junto a los OKR, entonces sucede algo mágico. De repente, hay una armonía en tu fuerza de trabajo, que resuena desde el empleado más bajo hasta la alta gerencia.

Mientras los objetivos OKR individuales de los empleados sean congruentes con los objetivos OKR organizacionales (que definen tu visión corporativa), todos y cada uno de los empleados pueden relajarse y estar seguros de que su trabajo no es en vano y de hecho persigue el bien común.

Como dijo Dick Costolo, el ex CEO de Twitter, en una entrevista:

> **Lo que vi en Google y que definitivamente apliqué en Twitter son los OKR: objetivos y resultados claves. Esa es una gran manera de ayudar a todos en la compañía a comprender lo que es importante, y cómo se va a medir lo que es importante. Es esencialmente una excelente**

manera de comunicar la estrategia y cómo medirla. Y así es como intentamos usarlos. A medida que crece una empresa, lo más difícil de escalar es la comunicación. Es notablemente difícil. Los **OKR** son una excelente manera de asegurarse de que todos entiendan cómo se va a medir el éxito y la estrategia.

3 Rápida Innovación

Recordemos nuevamente la famosa cita de Andy Grove:

el 70% es el nuevo 100%.

Con los OKR, no solo establecemos objetivos, sino que establecemos "objetivos flexibles." Como se describió en los capítulos anteriores, las "metas extensas" son metas que son tan ambiciosas que, incluso si tus empleados solo logran alcanzar el 70% de la meta, esa cantidad por sí sola es bastante beneficiosa (porque el objetivo original era muy ambicioso).

Al emplear "objetivos flexibles", enviamos un mensaje importante a los empleados y permitimos que la gerencia solicite un alto umbral de éxito. Esto tiene el efecto de alentar continuamente a los empleados a esforzarse cada día.

4. Compromiso de los empleados

Sin embargo, otro beneficio de los OKR es un mayor "compromiso de los empleados."

A todos les gusta ser reconocidos, especialmente para el trabajo que tiene un propósito especifico. Cuando le das a tus empleados "trabajos complejos", o cuando no pueden ver el resultado de sus esfuerzos, entonces es fácil para ellos sentir que sus aportes son intrascendentes y esto genera emociones negativas.

Los OKR ayudan a resolver este problema. Cuando los objetivos de la organización son armoniosos y públicamente visibles para todos los equipos e individuos de la organización, sus trabajadores pueden comprender claramente cómo el trabajo que realizan contribuye positivamente a la empresa. Cuando es evidente que una parte del progreso alcanzado puede darse al viaje que como empresa han emprendido, entonces esto mantiene a todos comprometidos en el trabajo.

Los OKR no resolverán todos tus problemas

No hay duda de que el glamour de todas las empresas tecnológicas brillantes de Silicon Valley, que utilizan con éxito los OKR, puede ser atractivo. Sin embargo, no cometas el error de creer que los OKR son la respuesta a todos tus problemas corporativos.

Una vez más, los OKR no te servirán de nada si los valores organizacionales subyacentes se ignoran o son incompatibles. Los OKR no son una "bala de plata" y no eliminarán todos los problemas que enfrenta tu empresa. Por el contrario, los OKR te ayudarán a comprender los problemas existentes y te ayudarán a elaborar un plan para solucionarlos.

Ca 3: Implementación de los OKR

En este capítulo, repasaremos algunas técnicas fundamentales de los OKR, que puedes usar una vez que hayas decidido implementar los OKR en tu lugar de trabajo.

Pero recuerda, no tienes que exagerar con esto. Cuando empieces a utilizar los OKR por primera vez, no te sientas tentado a realizar programas de capacitación de 10 horas a toda la empresa ni a invertir en un costoso software para los OKR. Está bien comenzar de a poco. Un lápiz y un papel funcionarán bien.

En cambio, concéntrate en el proceso de establecimiento de objetivos de los OKR que hemos descrito en los capítulos anteriores. No necesitas ser tan grande y despiadado como Google para obtener valor de los OKR.

- Incluso si solo administras una empresa pequeña (con solo uno o dos empleados), los OKR siguen funcionando.

- Incluso si solo implementas un par de los OKR en un departamento no esencial (solo para fines de prueba), está bien. Los OKR de todas maneras funcionan.

- De hecho, incluso si usas estas técnicas de OKR para el cumplimiento de tus propios objetivos personales de vida, también está bien. Los OKR igualmente funcionan.

Recuerda, en esencia, los OKR son solo una técnica de establecimiento de objetivos y seguimiento de objetivos. Por ello, si alguna vez has establecido algún tipo de objetivo en tu vida, probablemente puedas beneficiarte de los OKR.

Momento de un Repaso

Repasemos nuevamente:

OKR significa "Objetivos y Resultados Claves." Hay dos partes en un OKR:

- El "objetivo"

- Y, los (tres o cuatro) "Resultados Claves" asociados.

En los capítulos anteriores, elegimos una compañía de seguros como nuestro negocio de ejemplo. Y nuestro objetivo OKR fue:

Para el próximo trimestre, quiero reducir a la mitad la cantidad de tiempo que les lleva a los usuarios registrarse en mi sitio web.

Ese es un buen objetivo de un OKR.

Y luego elegimos tres resultados clave para este objetivo. Vamos a enumerarlos de nuevo:

- Resultado clave n.1: Entrevista a 100 clientes y pídeles que describan el por qué encontraron que tu sitio web es complicado de usar.
- Resultado clave n.2: Disminuye la cantidad de tiempo que tarda la página web en procesar la entrada del formulario del usuario en 5 segundos.
- Resultado clave n.3: Determina si hay algún campo que puedas eliminar del formulario web, para reducir el número de pasos en el proceso de registro.

Ten en cuenta que nuestros resultados claves se refieren a los tipos de tareas que le darías a un equipo de desarrollo web en tu empresa. Sin embargo, difieren de una lista de tareas estándar porque tienen métricas definidas objetivamente y están unidas a un objetivo con un límite de tiempo.

Entonces, ahora que tenemos un Objetivo, y le hemos dado a nuestro equipo tres Resultados Claves para trabajar, ¿cuánto tiempo necesitarán para lograrlos? Bueno, la respuesta a esa pregunta varía, por supuesto. Depende de cuanto tu equipo sea sofisticado y de la complejidad del objetivo.

Pero, la cantidad de tiempo que le das a tus empleados para trabajar en el problema, se llama "Cadencia OKR" (de la que hablaremos ahora).

Configurar la Cadencia OKR

La "Cadencia" de los OKR se refiere al ritmo (o la "duración de tiempo") que le darás a tu equipo para trabajar en los OKR. Cuando se completa la cadencia (cuando el tiempo se ha acabado), es cuando evalúas el progreso de tu equipo y calificas sus resultados claves.

A menudo, los OKR se revisan trimestralmente (osea cada tres meses). Esto se debe a que, para muchos equipos, la duración de un trimestre es una cantidad de tiempo suficiente para avanzar hacia el objetivo ambicioso de los OKR. Pero no existe una regla de "fija" sobre cuánto tiempo debe darle a tu equipo. La respuesta a esa pregunta depende de factores que solo tu estás en condiciones de conocer.

Pero ten cuidado:

- Si la cantidad de tiempo que le das a tu equipo para lograr los OKR es demasiado corta, entonces la tarea podriá parecerles imposible.
- Si la cantidad de tiempo que les da a tu equipo para lograr los OKR es demasiado largo, entonces no habrá urgencia en completarlo, y tu equipo puede ser menos optimista al respecto.

El truco consiste en elegir un marco de tiempo (una "Cadencia OKR") que sea lo suficientemente corto como para alentar una acción rápida, pero lo suficientemente largo como para darle tiempo a tu equipo para concentrarse y trabajar.

- Los OKR para equipos pequeños tienden a mejorar con una cadencia más corta. Quizás de uno a tres meses.

- Por el contrario, los OKR que están diseñados para el nivel organizativo de una gran empresa, pueden funcionar mejor con una cadencia más larga. Quizás medio año.

Aquí hay algunas preguntas respecto a la Cadencia OKR

Cuando intentes decidir cuánto tiempo le darás a tu equipo para trabajar en sus OKR, házte estas preguntas:

Pregunta 1: ¿En qué etapa del negocio estoy?

Si estás ejecutando un nuevo proyecto (start-up), y ni siquiera sabes si seguirá existiendo en un mes, entonces es mejor mantener una Cadencia OKR corta. Sin embargo, si eres un titán de la industria, con tu mente puesta en las adquisiciones corporativas, adoptar una perspectiva a largo plazo probablemente sea lo mejor.

Pregunta 2: ¿Qué nivel de habilidad tienen mis empleados?

Si estás creando algunos OKR para un empleado que ha estado en tu empresa durante muchos años, quizás pueda asumir tareas más largas (más difíciles y complicadas). Pero si acabas de contratar a un nuevo empleado la semana pasada (y no estás seguro si lo vas a mantener en la empresa), entonces los OKR más cortos son mejores, por ejemplo, usa tareas que solo tomarán unos días en completarse.

Pregunta 3: ¿Cómo es la industria?

Si te encuentras en una industria que es susceptible a fuerzas más allá de tu control, como el mal tiempo, los desastres naturales o las huelgas de los trabajadores, puede ser mejor elegir OKR cortos. Por ello, puedes tener la flexibilidad de lidiar con las fuerzas del mercado que cambian caóticamente a medida van surgiendo. Por otro lado, si tu industria es históricamente predecible, idear objetivos más largos tiene más sentido.

En cualquier caso, la duración que elijas para la Cadencia OKR depende de ti y una organización no necesita usar la misma Cadencia para cada OKR.

Cómo calificar los OKR

Cuando la duración de la cadencia de los OKR ha aumentado, es hora de calificar tus OKR.

Recordemos, nuestro objetivo OKR de nuestro negocio de ejemplo:

Para el próximo trimestre, quiero reducir a la mitad el tiempo que les lleva a los usuarios registrarse en mi sitio web.

Entonces, ahora que la duración de nuestra cadencia OKR está completa, debemos asignar uns "Puntuación OKR."

La forma más común de dar una puntuación a los OKR es calificar los resultados claves basandose en una escala de 0-10, y luego simplemente derivar una puntuación a los "objetivos" de acuerdo con la puntuación promedio que le corresponde a tus resultados claves.

Hagamos una lista de nuestros resultados claves por última vez aquí:

- Resultado clave n.1: Entrevista a 100 clientes y pídeles que describan el por qué encontraron que tu sitio web es complicado de usar.

- Resultado clave n.2: Disminuye la cantidad de tiempo que tarda la página web en procesar la entrada del formulario del usuario en 5 segundos.

- Resultado clave n.3: Determina si hay algún campo que puedas eliminar del formulario web, para reducir el número de pasos en el proceso de registro.

Calificar los OKR es una práctica que te ayudará a participar en una autoevaluación objetiva y en la mejora de nuestros objetivos y técnicas.

Entonces, ¿cómo le fue a nuestro equipo en nuestros tres resultados clave?

- ¿Logramos contactar a 100 clientes?
- ¿Nuestro formulario web funciona más rápido?
- ¿Reducimos la cantidad de campos que el usuario debe completar?

Este es el punto donde asignaríamos una calificación a cada Resultado Clave. (Un número de cero a diez).

Si el resultado clave se logró por completo, entonces dale un 10. De lo contrario, da un puntaje menor, dependiendo de qué tan cerca hayan llegado tus empleados a la completación del objetivo.

Aquí hay un par de otras cosas a tener en cuenta al calificar los OKR:

Las calificaciones numéricas no siempre reflejan las métricas en juego en los OKR. Recordemos que, con los OKR, buscamos elegir objetivos ambiciosos (difíciles de alcanzar). Elegimos objetivos, no porque sean fáciles, sino porque son difíciles.

Recordemos nuevamente la famosa cita de Andy Grove: *"70% es el nuevo 100%."*

Entonces, si tu equipo logró cumplir solo el 70% de su objetivo de los OKR, esto no significa que deba darles una calificación de "7." Por el contrario, el objetivo original de tu equipo podría haber sido extremadamente ambicioso.

Digamos que tu objetivo de los OKR era registrar un millón de nuevos usuarios en tu compañía de software. Si tu equipo logró registrar solo la mitad de esa cantidad

(500,000 usuarios), entonces, ¡eso sigue siendo un desempeño muy impresionante! Y este OKR probablemente merece una calificación de 10.

Lo opuesto a esto también puede ser cierto. Por ejemplo, si tu equipo pudo completar el 95% de su objetivo OKR, pero el objetivo no fue muy ambicioso, para empezar (o si la finalización del objetivo se debió a aportes auxiliares, no relacionados con los Resultados Claves del equipo), entonces este OKR merecería una baja puntuación.

Una vez que hayas asignado una puntuación a cada OKR, siéntate y medítalos como un todo. Las puntuaciones de todos los OKR anteriores deberían ayudarte a desarrollar nuevas metas (de nuevos OKR) para el próximo ciclo de trabajo. Y deberían ayudarte a evaluar los esfuerzos individuales de cada equipo.

Como nota, se debe advertir al gerente de no usar las calificaciones de los OKR como una base para una "compensación de los empleados." En otras palabras, si decides comenzar a pagar a tus empleados en función de la cantidad de Objetivos OKR que hayan cumplido, esto podría simplemente empujarlos a elegir Objetivos OKR menos ambiciosos. ¡Y no es lo que realmente quieres!

Está bien permitir que tu revisión de los OKR aumente tu análisis para el tamaño del cheque de pago de un empleado, pero no dejes que estos influyan demasiado en tu decisión.

Comprender los niveles de los OKR

Existen tres tipos diferentes de OKR a nivel de:

- Organización,
- Equipo,
- Y, empleado (de forma individual)

Así como la tarea que asignarías a un empleado, de forma individual, no es la misma que asignarías como objetivo de toda la organización, los OKR que asignas a un empleado, también varían de los OKR que asignarías a tu "gestión de alto nivel."

Analicemos estos niveles a continuación.

Nivel 1: Niveles de Organización de los OKRs

Los OKR son herramientas con visión del futuro, para establecer objetivos. Por lo tanto, no solo queremos alentar el rendimiento inmediato del día a día, sino que también queremos cementar el camino para el éxito futuro.

En una empresa, si te concentras exclusivamente en una perspectiva estrecha de objetivos inmediatos, se perderá el panorama general. Por lo tanto, es importante asegurarse de que tus objetivos Top de los OKR se establezcan de tal manera que no solo te ayuden a alcanzar los objetivos en el ciclo de trabajo actual, sino que también te den una base para el próximo ciclo.

Consejos importantes

Aquí hay algunos consejos para crear los Niveles de Organización de los OKR:

1. Los OKR deben derivarse (o coincidir con) la visión de tu empresa. Si la visión corporativa se trata de crear los mejores superconductores del mundo, y tus OKR se refieren a desarrollar un

nuevo programa de televisión, entonces probablemente haya algo "fuera de lugar."

2. Los OKR deben ser transparentes (o tanto como sea posible) para todos los demás empleados.

3. Los OKR deben ser aplicables (y accionables) por el equipo directivo gerencial.

4. Es mejor trabajar primero en estos "OKR a nivel de empresa" antes de trabajar en los OKR a nivel de equipo y empleado. Esto ayuda a solidificar la visión corporativa, de arriba a abajo.

Nivel 2: Los OKR a Nivel de Equipos

Ahora pasamos al segundo nivel de los OKR: el "nivel de equipos."

La composición de un equipo siempre varía, de una organización a otra.

Algunas organizaciones tienen equipos interfuncionales, mientras que otras reúnen solo equipos temporales, que podrían unirse para un solo proyecto. Por lo tanto, debes diseñar tus OKR a nivel de equipos de acuerdo con la metodología en juego en tu lugar de trabajo.

Contrariamente al proceso tradicional de establecimiento de objetivos, en el que el gerente del equipo siempre es responsable de decidir los objetivos del mismo, el marco OKR involucra a todos los miembros del equipo y es un proceso de colaboración. La alineación de tu equipo y empleados con los OKR es posible, solo cuando todos los miembros participan activamente en la decisión de los objetivos.

Aquí hay algunos consejos para usar cuando desarrolles tus "OKR a nivel de equipo."

1. Un líder de equipo (quizás el gerente de tu equipo) debe asumir la responsabilidad de monitorear los OKR y asegurarse de que se estén rastreando las métricas correctas de los OKR.
2. Los OKR a nivel de equipo deben complementar los OKR de la visión de la empresa en su conjunto.
3. Todos los OKR deben ser creados en colaboración (con todo el equipo involucrado), y no deben ser decididos por un solo miembro.

Nivel 3: Los OKR a nivel de empleado

Y finalmente para el tercer y último nivel, los "OKR a nivel de empleado" Para este caso, existen varias escuelas de pensamiento cuando se trata de configurar los OKR para empleados de forma individual. No hay reglas fijas y rápidas, y debes adaptar el marco OKR a tu propio estilo de gestión de empleados, teniendo en cuenta tu cultura laboral y la dinámica del equipo.

Es fácil confundir los OKR de los empleados fijados de forma individual con los OKR del equipo. De hecho, algunas compañías encuentran que es mejor no tener ningún OKR a nivel de empleado. Esto se debe a que, actualmente, los empleados de forma individual (especialmente en startups tecnológicas) funcionan en grupos muy unidos. Estos equipos pueden tener menos de media docena de personas, y los grupos son tan íntimos que varios empleados pueden ser percibidos como "unidades de trabajo" individuales.

En tales casos, puedes considerar ignorar este tercer nivel de OKR y seguir usando solo los otros dos niveles de los OKR. Además, si recién estás comenzando con los OKR, asegúrate de configurarlos primero para los niveles de organización y equipo. Y, solo entonces, considera cómo se sentirían tus empleados, de forma individual, al agregar este tercer nivel de los OKR.

Recuerda, no tienes que cambiar el mundo en un día. Puedes mejorar este proceso con el tiempo y considerar introducir gradualmente los OKR de los empleados, después de sentirte más seguro acerca de la adopción del marco OKR en general.

Configurar los OKR con tu equipo

Los OKR son el "nuevo estilo de gestión en boga." Pero, antes de sumergirte en el mundo de los OKR, es mejor identificar las partes que ya funcionan bien en tu sistema actual de establecimiento de objetivos (asumiendo que tienes uno).

En otras palabras, el marco OKR no necesariamente tiene que reemplazar todos los sistemas existentes actualmente en uso en tu empresa. Así que si tienes un esquema que funciona bien para ti, no cometas el error de tirar al bebé al agua. Por el contrario, está bien transformar el esquema OKR para satisfacer las necesidades de tu esquema existente.

Siempre hay margen de mejora y adaptación con los OKR. No existe una solución para los OKR de "talla única" que funcione para todos; e, incluso si tu marco OKR funciona sin problemas un año, esto no significa que no debas cambiarlo en los próximos años, a medida que evoluciona el mercado (y tu empresa).

De hecho, es aconsejable alentar a los gerentes a tener en cuenta lo que funciona (y lo que no), y estar abiertos al cambio. No hay una forma "correcta o incorrecta" de hacer esto, y nunca debes olvidar el ágil principio de gestión:

"Las personas son siempre primero que los procesos."

Deja que tus empleados participen en el proceso de mejora de los OKR

Al igual que con el aprendizaje de cualquier sistema nuevo, la primera vez que usas el sistema OKR puede ser estresante para una empresa. Inevitablemente, surgirán varios problemas para los que sencillamente no están preparados. Por lo tanto, es mejor no mantener a nadie fuera del tema. Realiza una revisión de los OKR a nivel de equipo y a nivel de empresa, unas pocas veces al año.

Además, es importante fomentar un ambiente de intercambio abierto, donde los empleados sean libres de expresar sus opiniones honestas, sin preocuparse por las consecuencias negativas.

Usa encuestas anónimas para medir la efectividad de los OKR si crees que las personas son tímidas para hablar.

Aquí hay algunas preguntas que puedes usar:

- En una escala del uno al diez, ¿crees que los OKR fueron efectivos el último trimestre? ¿Por qué o por qué no?

- ¿Qué habría hecho que los OKR fueran útiles el último trimestre? ¿Qué podríamos haber agregado para que sean más efectivos?

- ¿Hay alguna otra idea o métrica en la que debamos centrarnos? ¿Alguna en la que no nos hayamos centrado el último trimestre?

Además, intenta incluir preguntas abiertas en tu encuesta. Y recuerde, no es suficiente solo reunir cuestionarios al final del trimestre y tirarlos a la basura (como lo hacen la mayoría de las corporaciones).

En su lugar, prepárate para actuar sobre los datos y modificar los OKR en función de los comentarios. Organiza reuniones e intenta comprender las preocupaciones de tus empleados.

¿Están tus empleados realmente usando los OKR?

Deberías tener alguna forma de rastrear la adopción de los OKR por parte de tus empleados.

Por lo general, debes mantener un registro de las actualizaciones del progreso de tu equipo. Y se les debe informar cuándo se esperan estas actualizaciones, durante todo el trimestre. Anima a los miembros de tu equipo a adquirir el hábito de actualizar con frecuencia sus OKR.

- ¿A cuántos clientes llamaron esta semana?
- ¿Pudieron completar con éxito los resultados claves de esta semana?

Tus empleados deben tener este tipo de información disponible para ti. Nuevamente, no necesitas invertir en un software costoso o crear un complejo sistema de informes digitales para los OKR. El lápiz y el papel estarán bien. El objetivo de estos mini informes es simplemente asegurarte de que cada miembro esté progresando.

Inevitablemente, notarás que ciertas personas no están actualizando sus estadísticas de los OKR con la frecuencia que esperabas. Impulsar un nuevo flujo de trabajo en un empleado (establecido a su manera) puede ser agotador, pero no quieras meter los OKR en su cabeza desde el primer día.

Al contrario, trabaja para lograr que él (y el resto de tu equipo) aprecie el valor que los OKR pueden aportar. Se paciente. La implementación de los OKR llevará tiempo, pero cuando los empleados vean que el nuevo sistema realmente tiene valor, lo adoptarán sin problema.

Incorporación de empleados

Cuando, de todo corazón, estés listo para adoptar los OKR, prepárate para hacer algunos cambios en la forma en que el trabajo generalmente no se realiza en tu oficina. Por lo general, es mejor evitar el elemento sorpresa y desplegar los OKR gradualmente, a medida que implementas el esquema en varios niveles de tu negocio.

Preséntalos en fases, realizando talleres de los OKR o sesiones de capacitación, al menos dos o tres semanas antes de insistir en la adopción de ellos. Tales sesiones pueden ser realizadas por entrenadores corporativos expertos en los OKR, por supuesto. Pero a menudo, es mejor si un miembro existente de tu equipo se familiariza primero con los OKR y luego ayuda a capacitar a sus compañeros de trabajo. Recuerda, lo más importante es que tus empleados comprendan y aprecien el valor de crear sus objetivos de acuerdo con el marco OKR que establecimos al comienzo de este libro.

Típicamente, las compañías seleccionarán al menos un individuo para ser el "elegido de los OKR." Dicha persona será responsable de garantizar que el equipo implemente correctamente los OKR y que sus compañeros de trabajo comprendan cómo crear los objetivos OKR y perseguir (y rastrear) sus resultados claves. El objetivo principal es garantizar que todos los involucrados en el negocio estén gradualmente expuestos a lo que son los OKR, cómo funcionan y cómo se ajustan para satisfacer las necesidades específicas de la organización.

Al principio de este proceso, es aconsejable concebir un conjunto ideal de expectativas que deseas cumplir mediante el uso de los OKR. Debes definir claramente cómo se reconocerá el éxito y el fracaso, para varios períodos de tiempo. Puedes utilizar los resultados que obtuviste de las encuestas anónimas en la sección anterior, para lograr este objetivo. Y es mejor si creas alguna documentación, definiendo el éxito y el fracaso en términos inequívocos.

Ca 4: Cómo Establecer Objetivos

Como sabes, la primera letra de nuestro acrónimo OKR es la "O" de "Objetivos." Entonces, hablemos un poco sobre la importancia de elegir objetivos ambiciosos e inspiradores.

En un mundo perfecto, no tendría que mencionar la necesidad de utilizar objetivos estructurados ya que todos los gerentes entienden el valor de establecer metas, ¿verdad?

Pues no es correcto.

Es posible que te sorprenda la cantidad de gerentes que he conocido (en compañías grandes y pequeñas) que operan sin ningún objetivo definido. O, más comúnmente, establecen objetivos (de una especie), pero los objetivos no tienen una métrica objetiva, por lo que cualquiera sabría qué tan lejos está la empresa, en el cumplimiento del objetivo.

Así que hablemos sobre la importancia de aplicar un paradigma estructurado de establecimiento de objetivos para los OKR. Tales metas son la única forma de medir realmente el éxito de manera objetiva. Pero no solo el éxito; las metas también actúan como el barómetro por el cual sabes que te estás moviendo en la dirección correcta.

En este capítulo, hablaremos sobre los beneficios que se obtendrán al utilizar el "establecimiento de objetivos estructurados" en tu organización.

Por qué son importantes los objetivos

Los objetivos son tu brújula

Primero, escribir una meta para ti o tu empresa, establece una brújula psicológica que (idealmente) nos señala hacia el cumplimiento de nuestra visión corporativa. Incluso si estás trabajando duro, tu (o tu empresa) podría sufrir una "falta de dirección." Es bastante posible (y de hecho común) encontrar grandes corporaciones llenas de "idiotas ocupados", personas que parecen estar ocupadas pero que en realidad no están haciendo nada. Si no sabes hacia dónde te diriges, entonces, incluso si logras estar en el camino correcto, ¿es posible que ni siquiera sepas que estás en él?

Los objetivos obtienen resultados

Las personas más exitosas en este mundo (desde Michael Phelps hasta Bill Gates), independientemente de su profesión, establecen metas diarias, semanales y anuales para sí mismas. Cada vez que estableces una meta, le das a tu equipo una visión para trabajar. Ayuda a garantizar continuamente que te esfuerces para lograr cada vez mejores resultados. Las oportunidades se te presentarán, pero debes estar listo para aprovecharlas.

Los objetivos te alientan a tomar más acción de lo que lo harías normalmente. Cada vez que tu cerebro se dedica a la actividad de "establecimiento de objetivos", tu mente se pone en un modo de pensamiento progresista. Y, a medida que avanzas en tu jornada laboral, tu subconsciente trabajará en silencio para alinear tus pequeñas acciones diarias con tus objetivos finales.

Los objetivos ayudan a tu equipo a concentrarse

Un sentido de propósito mejora la capacidad de concentración. Establecer objetivos en un equipo ayuda a alinear sus pensamientos y concentración con la tarea asignada. Incluso si el obstáculo actual es intimidante, tu equipo deberá concentrarse y unirse para comenzar su ascenso. Y, dado que los objetivos OKR se definen explícitamente, estos ayudarán a tu equipo a "mantener el rumbo" y evitarán que cometan el error de deambular, perdiendo el tiempo en algunas otras tareas insignificantes (pero más fáciles).

Los objetivos crean responsabilidad

Los objetivos hacen que las personas sean responsables. Las metas a nivel de equipo en particular pueden ser infinitamente efectivas, porque aprovechan nuestra necesidad básica de aceptación social. Tenemos un impulso humano innato para "no decepcionar al equipo." Y proclamar públicamente nuestros objetivos (como lo hacemos cuando establecemos Objetivos OKR), tiene el beneficio de incitar la motivación del equipo y la presión social saludable.

Los objetivos te animan a ser mejor

Quizás debido a la naturaleza transparente del establecimiento de objetivos de los OKR, tales declaraciones públicas te ayudan a desbloquear todo el potencial de tu equipo.

Sin ningún objetivo desafiante, estarán obligados a seguir cualquier rutina cómoda en la que hayan estado atrapados durante años. La comodidad es uno de los obstáculos más importantes para el éxito. Ni tu ni tu equipo pueden alcanzar el éxito si no están dispuestos a salir de esa zona de confort. Esta es la razón por la cual el concepto del "objetivo flexible" de los OKR es tan importante. Porque nos hacen liberarnos de estas limitaciones autoimpuestas y nos alientan a ser y a hacerlo mejor.

Establecimiento convencional de objetivos

Entonces, ¿cómo establecemos objetivos? La receta convencional es algo como esto:

Paso 1

Primero, identifica un área problemática que necesita tu atención. ¿Qué quieres cambiar, en tu lugar de trabajo (o tu vida), en este momento? Puede ser tu rutina matutina, tus hábitos alimenticios o la forma en que manejas a tus empleados.

Paso 2

Luego, mapea los primeros pasos de acción que deberás seguir para que la pelota ruede. Tus primeros pasos no tienen que ser perfectos, ¡Nada de eso! Como hemos tratado de enfatizar en la sección anterior, lo más importante es que comiences.

Paso 3

Prepárate para todos los posibles resultados. Por supuesto, nunca podemos saber el 100% de los resultados. Pero, entre más contingencias planifiques, menos sorprendido estarás cuando realmente ocurran.

Puedes evaluar si estás preparado o no, haciéndote algunas simples preguntas.

- ¿Has pensado en los obstáculos que encontrarás?
- ¿Puedes pensar en formas de evitar estos obstáculos, si es que surgen?
- ¿Tienes todos los recursos que necesitas para hacer el trabajo?

Cuando puedes responder estas preguntas de una manera (algo) satisfactoria, entonces estás listo para dar el primer paso, hacia el logro de tu objetivo.

Problemas con el establecimiento de metas convencionales

Los pasos descritos anteriormente están bien. Pero, no son suficientes. El establecimiento de objetivos organizacionales convencionales generalmente implica asignar objetivos vagos a los empleados, basados en sus posiciones de trabajo. De esta manera, los "objetivos" a menudo se confunden con la "descripción del trabajo" del empleado. Y esta es una falacia que queremos evitar. Muchas compañías asignan una meta a un empleado en su primer día de trabajo. Y luego, su objetivo permanece sin cambios, a veces durante décadas. Esta estrategia de "configúralo y olvídalo" conduce al estancamiento y da como resultado una fuerza de trabajo apática.

A veces, las compañías no pueden definir qué significa exactamente "éxito y fracaso" en la consecución de un objetivo. Puedes encontrar objetivos de empresas extremadamente vagos como:

- "Mantener el control de calidad de los resultados por entregar."
- "Ser responsable de defender los valores de la empresa."

Cuando realmente analizas objetivos como este, te dás cuenta rápidamente de que realmente no significan nada. Estos objetivos no se pueden medir. Son "abiertos a la interpretación "y demasiado etéreos para ser útiles. El valor de tener un "plan de fijación de objetivos basado en métricas" (como los OKR) es una mejora indiscutible.

Cuando se trata de revisar los objetivos de la empresa (es decir, ver si sus empleados están logrando algo), la mayoría de las empresas con las que nos hemos encontrado solo realizan revisiones anuales o ninguna. Las metas a veces se usan como un "criterio burdo", para las revisiones de desempeño son retrospectivas.

Ten en cuenta que tales observaciones no necesariamente significan que los objetivos convencionales no funcionan en algún modo. De hecho, tener algún tipo de objetivo es mejor que no tener uno. Y para las ocupaciones que requieren mano de obra poco calificada (con poca demanda cognitiva), quizás tener objetivos y métricas complejas no siempre es beneficioso.

Pero, para las empresas que requieren un mínimo de esfuerzo cognitivo, los procesos convencionales suelen necesitar un cambio de imagen. Es por eso que estamos tan entusiasmados con el marco OKR.

Establecimiento de objetivos S.M.A.R.T

A veces, los nuevos gerentes o los nuevos propietarios de negocios tienen problemas para entrar en el "marco mental de establecimiento de objetivos." Podría ser, que estás demasiado acostumbrado a pensar en los objetivos corporativos como una especie de destino etéreo y lejano. Tal vez tus objetivos solo existan como una línea borrosa a partir de la descripción de tu trabajo, y te encuentres caminando penosamente hacia su cumplimiento (cada lunes por la mañana), pero nunca estás seguro de cuánto terreno ha logrado ganar (y si lo hay).

Antes de comenzar a pensar demasiado críticamente sobre cualquier Objetivo OKR dado, puede ser útil hacer una lluvia de ideas sobre los objetivos. Por lo tanto, para ayudar a impulsar los engranajes de establecimiento de objetivos en tu cabeza, hablemos de los "Criterios S.M.A.R.T de establecimiento de objetivos."

¿Qué es S.M.A.R.T?

S.M.A.R.T es un acrónimo en inglés que en español significa:

- S = Especifico

- M = Medible
- A = Alcanzable
- R = Realista,
- T = Tiempo Limitado.

Es un "criterio para establecer metas", desarrollado por George Doran en 1981, y publicado en la revista Management Review, presentado como un artículo titulado: "Hay una manera INTELIGENTE de escribir las metas y objetivos de la gerencia." El sistema SMART de Doran desglosa la tarea de establecer metas en cinco pasos fáciles de recordar. Es difícil escribir un libro de administración sin mencionar este sistema. Y puede ser útil pensar en los objetivos de la empresa a través de un marco SMART, antes de establecer objetivos más rígidos a través de los OKR.

Veamos ahora los pasos S.M.A.R.T.

SMART Paso 1: S de "Específico"

Debe tener un objetivo específico en mente. Establecer un objetivo impreciso como "Quiero ser rico" no es un objetivo INTELIGENTE. No es lo suficientemente específico. La palabra "rico" significa cosas diferentes para diferentes personas. En cambio, un objetivo INTELIGENTE se vería así:

"Quiero jubilarme a los 55 años, con 10 millones de dólares en el banco."

Este objetivo es mejor, porque contiene métricas que podemos usar para evaluar si estamos en el camino correcto o no.

SMART Paso 2: M de "Medible"

Una vez que tengas en mente tu meta establecida, debes determinar las métricas objetivas por las cuales medirás tu progreso, hacia la consecución de esta meta.

En nuestro ejemplo anterior, el orador quería ser rico. Y, 10 millones de dólares es su medida de "rico." Entonces él sabrá que es "rico" cuando tenga 10 millones de dólares en el banco.

El punto es que tiene valor tener una métrica precisa para delinear el cumplimiento de tu objetivo. Ayuda a poner en perspectiva el alcance de tu progreso diario.

¿Algo que no se puede medir se vuelve difícil de manejar?

SMART Paso 3: A de "Alcanzable"

Te estás preparando para el fracaso si no hay una manera de lograr tu objetivo. Si tu objetivo es inalcanzable, tu proceso inicial de establecimiento de objetivos fue en vano.

Ahora recuerda, es bueno soñar en grande; y lograr incluso una fracción de nuestro objetivo de "ganar 10 millones de dólares", aún puede ser satisfactorio. Así que apunta alto, pero no te desanimes eligiendo objetivos que nunca se realizarán.

SMART Paso 4: R de "Realista"

El objetivo que estás estableciendo debe ser realista, especificando tus recursos disponibles actuales (o posibles). Si deseas comenzar una nueva compañía automotriz, y no tienes experiencia en ingeniería, y solo tiene $10 dólares en el bolsillo, entonces el objetivo de "iniciar una compañía automotriz" no es una meta realista.

En cambio, tu objetivo debe ser en modo que puedas lograrlo, siguiendo la ejecución de un plan de acción cuidadoso y mucho trabajo duro, utilizando los recursos a tu disposición.

SMART Paso 5: T "Tiempo Limitado"

Siempre debes establecer una fecha límite para lograr tu objetivo. Si no tienes una línea de tiempo en mente, es probable que tu objetivo nunca se logre. La ley de Parkinson establece que:

"El trabajo se expande para llenar el tiempo disponible en pos de su finalización."

Lo que significa que, si dedicas 10 horas para escribir el informe de tu libro, lo debes hacer en 10 horas. Si te das 10 semanas, lo debes hacer en 10 semanas.

Siempre habrá más trabajo por hacer, en cualquier proyecto. Y, siempre habrá una excusa para no trabajar en un proyecto ese día. Esta es una regresión natural que debes aprender a detectar y evitar.

Por ejemplo, si tu objetivo es perder 30 libras, entonces no tendrá ningún sentido a menos que tengas una fecha límite. Por ello debes re-plantear la declaración de objetivos en algo como:

"Quiero perder 30 libras en tres meses"

Usando el sistema SMART para la inspiración de los OKR

Recuerda que los criterios SMART para establecer objetivos no tienen que ser estrictos. Es más una "lista de verificación recomendada" que un "plan de acción."

Para nuestros propósitos, puedes pensar en los criterios SMART como un "bloc de dibujo", donde escribes enérgicamente tus pensamientos respecto la fijación de objetivos y obtienes una perspectiva sobre lo que te gustaría que tu equipo logre este año. Luego, después de que te sientas cómodo con la creación rápida de objetivos basados en métricas y con plazos determinados, aplica estas técnicas cada vez que escribas un "Objetivo OKR" más estructurado para tu equipo.

Ca 5: Cuando los OKR fallan

El fracaso es común.

Errores y fracasos están destinados a suceder. La gran mayoría de los proyectos que alguna vez ha intentado un humano han fallado. Incluso Google, la compañía que emplea a la fuerza laboral más inteligente del planeta, apoya proyectos que fracasan constantemente. La gran mayoría de los productos de Google no se completaron o no se pusieron al día, y tuvieron un ciclo de vida de corta duración. La forma en que su empresa aborda el fracaso es mucho más importante que el fracaso en sí. Ten cuidado de castigar el fracaso de los empleados. Esto puede asustar al individuo que luego seria demasiado reacio al riesgo. Y es posible que nunca se esfuercen por hacer un trabajo innovador nunca más.

Recordemos la famosa cita de Thomas Edison:

No he fallado. Acabo de encontrar 10,000 formas que no funcionarón.

Eventualmente, uno de tus equipos no podrá cumplir con sus OKR. A veces, rendirse puede parecer la única opción. Y de hecho, esta es a veces la mejor opción. Cuando tu equipo experimenta un revés paralizante, es el momento de reunirse y descubrir qué salió mal. Busca fuentes alternativas de motivación y no te atasques en el camino si algo no funciona.

Como dijo el apologista de los OKR, John Doerr:

No hay necesidad de aferrarse obstinadamente a una proyección desactualizada; quítela de su lista y continúe. Nuestros objetivos son servidores de nuestro propósito, no al revés.

Los reveses son normales en la vida y los negocios. Y, dado nuestro mundo acelerado, la corrección del curso es tan común como el trazado del curso. El viejo dicho: "nada que valga la pena tener será fácil" es cierto. Por eso, cuando se trata de rendirse, no tomes decisiones apresuradas. En cambio, reagrupa e intenta identificar lo que está mal.

Aquí hay cuatro técnicas que tu (y tu equipo) pueden usar cuando se trata de un objetivo OKR fallido:

1) Reflexiona sobre el problema

Lo que pasó, pasó.

Claro, debe sentirse horrible, pero no hay nada que puedas hacer para cambiar el pasado. Pensar en lo sucedido de manera negativa y enfadarse por ello no te ayudará a lograr nada productivo. Sin embargo, si te tomas un tiempo para considerar todo lo que sucedió, podrás comprender qué salió mal y proporcionarás a tu equipo una mejor idea de cómo evitar que algo similar vuelva a suceder.

Aprender de tus errores pasados no es algo de lo qué debas avergonzarte. De hecho, si puedes obtener una idea personal de lo que salió mal, puedes brindarle a tu equipo la confianza que necesitará para superar obstáculos similares en el futuro.

2) Comunicar

Mantenga a tu equipo al tanto.

Está bien notificarles sobre las victorias y los contratiempos. Debes conocer el tamaño de tu organización y el alcance de lo sucedido; pero trabaja duro para asegurarte de que tu equipo sea consciente de que puede confiar en ti para proporcionarles comentarios honestos y justos.

Los rumores sin fundamento pueden llevar un problema fuera de proporción. Todo lo que crees que tu equipo necesita saber debe provenir directamente de ti y de nadie más. Si abordas un revés abiertamente, entonces reduce el riesgo de chismes y rumores innecesarios y sin fundamento.

Y no se trata solo de ti. Deja que tu equipo hable. La comunicación es una calle de doble sentido y debes mantener los canales de comunicación abiertos y honestos durante esos momentos. Eso es importante. Pero la comunicación simple y honesta después de un revés es aún más importante; y le indica a su equipo que un revés no es un fracaso que puede romperlos.

3) Reagruparse

La reflexión es importante para avanzar. Vivir en el pasado no te ayudará a seguir adelante. Una vez que despejes el aire de lo sucedido, entonces, es hora de revitalizar al equipo y comenzar con tu flujo de trabajo. La negatividad es contagiosa, así que mantente positivo. Tú pones el ánimo. Si el equipo ve que su líder puede ser positivo incluso ante la adversidad, los motivará a hacer lo mismo.

Una nube muy oscura tiene un revestimiento plateado, así que encuentra tu revestimiento plateado y ponte en marcha. Haz algo que contrarreste el entorno cargado negativamente y ayude a tu equipo a desestresarse y seguir adelante.

Un truco para manejar las fallas consiste en tener la previsión de preparar a tu equipo, incluso antes de que se produzca una falla. Un equipo efectivo comprende la visión corporativa. Tienen un objetivo compartido y una responsabilidad compartida, que los motiva a lograr lo mejor, incluso cuando las cosas están más oscuras.

Por ello, habla con tu equipo. Llévalos de vuelta a sus raíces y díles que recuerden por qué fueron unidos en primer lugar. Dales un sentido renovado de su propósito y haz que todos vuelvan a la normalidad.

4) *Avanzar*

No puedes cambiar el pasado y no puedes predecir el futuro. Lo único bajo tu control es el presente, así que saca el máximo provecho de ello. Si es hora de dirigir a tu equipo en una nueva dirección, que así sea. Hazlo con el mismo gusto que te dio buenos resultados en anteriores proyectos beneficiosos. Recuerda a tu equipo los éxitos pasados y confía en ellos para continuar a lo largo del viaje. Motívalos e inspíralos, para que todos puedan recuperarse del revés y aterrizar sobre sus pies.

Errores y trampas comunes de los OKR

Hablemos de algunos de los errores más comunes de los OKR.

Error 1: Establecer objetivos inalcanzables y poco inspiradores

Anteriormente en este libro, te alentamos a que establezcas (lo que Andy Grove llamó) "objetivos flexibles." Estos son objetivos muy ambiciosos, que alientan a tu equipo a apuntar alto.

Pero, hay una palabra de precaución sobre los "objetivos flexibles": es posible seleccionar objetivos ambiciosos que solo sirven para frustrar a tu equipo? O tal vez, el día que estableciste la meta, tu equipo no se dedicó con entusiasmo a su cumplimiento?

Por lo tanto, es mejor mantener tus "objetivos flexibles" más allá del umbral de ser alcanzables, pero no demasiado lejos. Nuevamente, recuerda la cita de Andy Grove: "70% es el nuevo 100%."

Ten en cuenta que la regla no dice: "5% es el nuevo 100%" o "10% es el nuevo 100%." La regla es "70% es el nuevo 100% "porque, en última instancia, tu equipo debe percibir que el objetivo está (al menos parcialmente) al alcance. La idea de establecer los OKR es la de desafiar a los empleados de una organización a esforzarse más y más; no se supone que los desmotive ni los frustre.

Para evitar esto, colabora con tus empleados, establezcan juntos "objetivos flexibles", pero también establezca algunos objetivos que sean un poco menos desafiantes y más alcanzables a corto plazo. Incluso si tus empleados no logran el 100% de una meta principal, al menos pueden tener la satisfacción parcial de lograr un progreso sustancial consiguiendo una meta menor.

Si los empleados comienzan a sentir que todos tus objetivos están "configurados con la intención de un fracaso total", entonces podrían dejar de intentarlo por completo. Hay una línea fina que no debes pasar y debes hacerlo siempre con cuidado.

Error 2: Olvidar nombrar un DRI (Persona Directamente Responsable)

En jerga corporativa, DRI significa "persona directamente responsable."

Y significa precisamente lo que dice el nombre. Debe haber una persona que pueda garantizar que los OKR sean atendidos y perseguidos. En "Hablando de los OKR", esta persona a veces es etiquetada como "El elegido para los OKR." En términos prácticos, generalmente es un líder o gerente de equipo, que se ofrece como voluntario para realizar un seguimiento de los OKR de la escuadra.

Si el equipo no tiene asignado un DRI, esto puede conducir a una falta de disciplina y a que sea escogido con el dedo. Así que evita esto asignando a una persona la tarea de monitorear las métricas de los OKR y los informes de progreso de forma regular.

Esto es muy importante cuando se trata de equipos grandes, o durante la primera ronda de implementación de los OKR. Porque inevitablemente tendrás algunos miembros del equipo que no estarán interesados en participar. Por lo tanto, es mejor tener al menos un animador de los OKR en el piso.

Error 3: Crear demasiados OKR.

Puedes hacer tantos OKR como desees. Pero si deseas que los objetivos y resultados claves sean eficaces, entonces es prudente limitar el número de objetivos y resultados claves que se crean por equipo. Por lo general, debes crear entre tres y cinco.

Colocar demasiadas tareas sobre cualquier empleado te preparará para el fracaso. Tu equipo perderá el enfoque, se sentirá abrumado y podría desconectarse de su trabajo.

Es tentador creer que establecer numerosos objetivos incitará a un equipo a correr más rápido. Pero cuando estableces demasiados objetivos, especialmente objetivos incongruentes, los OKR pueden ser contraproducentes. La multitarea esporádica entre varios OKR no es un comportamiento deseable y reducirá la eficiencia y la productividad.

Así que mantente al tanto de cuántos OKR estás asignando a tus trabajadores. Al principio, es mejor mantener un número pequeño. Por supuesto, si notas que tu equipo completa sus OKR demasiado rápido, siempre puedes agregar más (o aumentar la ambición de los objetivos), más adelante.

Error 4: Uso de lenguaje vago en tus OKR

Evita usar lenguaje vago en tus OKR, especialmente en tus Resultados Claves. Recuerda nuevamente, hay dos partes en un OKR: el objetivo, y los resultados claves.

- El "Objetivo"; es el objetivo ambicioso que desea alcanzar.
- Y, los "Resultados Claves" son las tres o cuatro tareas medibles distintas, que ayudan a medir tu progreso, y te dicen si estás en el camino correcto de alcanzar tu Objetivo.

Un objetivo que simplemente dice, "aumentar nuestras ventas" es ineficaz y no se puede medir.

- ¿Cuál es la métrica que te llevaría a obtener mayores ventas?

- ¿Cuál es el aumento porcentual en las ventas que esperas ver?

- ¿Cuál es el tiempo que necesitarás para lograr este objetivo?

Si los OKR están estructurados de manera demasiado vaga, entonces crearás mucha ambigüedad y se hará difícil para los empleados comprender lo que se esperas de ellos. Puedes evitar estos problemas creando tus OKR correctamente desde la primera vez.

Error 5: No realizar un seguimiento del progreso semanal de los OKR

Una de las razones principales por las que los OKR son tan efectivos es porque facilitan a los gerentes verificar el progreso de toda la empresa. El problema es que los gerentes deben cumplir con su deber de solicitar actualizaciones semanales a sus empleados, asegurando así que se atienda a los OKR y que el trabajo funcione sin problemas.

Si solo implementas OKR a medias y no logras registrarlos hasta el final del trimestre, es probable que descubras que no se hayan realizado. Para evitar esto, intenta responsabilizar a los miembros de tu equipo por los controles regulares (generalmente semanales). Si una organización está utilizando los OKR por primera vez, esto es doblemente importante porque también necesitará verificar la eficiencia de los OKR en sí mismos y solicitar a sus empleados comentarios sobre el valor del marco de los OKR.

Intenta lograr que los miembros de tu equipo apunten al menos al 10% de finalización por semana, si estás utilizando OKR trimestrales. Y no se trata solo de registrarlos semanalmente, también debe haber una breve discusión sobre el progreso para que los empleados sientan que sus esfuerzos están siendo reconocidos.

Error 6: No permitir que las buenas ideas lleguen al top.

Los OKR no siempre tienen que fluir de arriba hacia abajo. Algunas veces los OKR puede fluir desde la parte inferior a la parte superior también.

Si creas exclusivamente objetivos de arriba a abajo (sin suficientes comentarios de los empleados), esto puede tener un efecto negativo en la motivación y la creatividad. Debes otorgar cierto grado de autonomía a tus empleados para alentar el libre pensamiento, la innovación y el crecimiento. Así que permíteles expresar sus opiniones sobre los OKR actuales en juego.

Además, deberían poder desarrollar sus propios OKR, bajo la guía del líder del equipo. Y su líder de los OKR puede asegurarse de que todos sus OKR estén en armonía con los objetivos establecidos en la parte superior. Esto puede ayudar a que el proceso de establecer los OKR sea un esfuerzo conjunto y mejore la motivación de los empleados.

Error 7: No proporcionar las herramientas adecuadas para el trabajo

Uno de los peores errores que puede cometer un gerente es delegar crudamente un OKR ambicioso a un departamento que no tiene las herramientas adecuadas para completarlo.

Si escribes un OKR que fácilmente necesitaría 100 hombres para ser completado, y su equipo está compuesto por dos personas y un interno, entonces este personal probablemente no estará muy contento con esta tarea.

Es bueno alentar a tus empleados a pensar en grande (esta es la razón por la cual se utilizan "objetivos flexibles" en OKR); pero si entregas una tarea de esta magnitud en un departamento que obviamente no está bien equipado para manejarla, entonces, esto solo creará sentimientos de resentimiento y frustración entre tus empleados.

Si no estás seguro de exactamente cuántos recursos, o cuánta mano de obra se requiere, simplemente construye tus OKR con la proclamación de que los Objetivos no están "escritos en piedra", y pueden modificarse más adelante, a medida que haya más recursos disponibles. Mantén abiertas las líneas de comunicación con tu equipo y permite que sus OKR evolucionen, se adapten y crezcan con tu empresa.

Ca 6: Escribe la visión de tu empresa

En capítulos anteriores, hemos mencionado la importancia de escribir los OKR que estén en armonía con la "visión de la empresa." Pero, sorprendentemente, descubrimos que muchas empresas no tienen una gran visión de la misma. Si tu empresa carece de la "visión", entonces este capítulo es para ti. Los lideres exitosos saben que una visión compartida es un gran motivador. Una visión convincente ayuda a tu equipo a intuir las correcciones justas del curso, y energiza a tus empleados con un sentido de propósito (y tal vez un grito de reunión entusiasta). Si deseas motivar a tu equipo, para seguirlo a través de la rutina corporativa diaria, necesitarás tener una visión compartida, que los inspire a ser (y hacer) lo mejor.

Esfuérzate por ser claro al transmitir tu visión

Los fanáticos de la serie de televisión de HBO de Mike Judge "Silicon Valley" están familiarizados con una broma en el programa. Cada compañía de tecnología con la que se encuentran los personajes tiene la misma visión corporativa. Y es:

"Para cambiar el mundo."

El chiste resuena con los trabajadores de la tecnología porque todas las empresas en Silicon Valley insisten en que su tecnología está a punto de "cambiar el mundo", sin importar cuán insignificantes o triviales sean sus inventos.

Este es un ejemplo de una mala "Visión de la Empresa."

Para una Visión de empresa más común y pobremente construida; aquí hay una, de la organización benéfica sin fines de lucro "Goodwill Industries:"

"Cada persona tiene la oportunidad de alcanzar su máximo potencial y participar y contribuir en todos los aspectos de la vida."

Ahora, esto suena como un sentimiento noble. Lograr el "máximo potencial" y "participar en la vida" es algo bueno, supongo. Pero, como una visión, le dice muy poco acerca de qué tiene que ver exactamente Goodwill Industries con cualquiera de ellos. Como muchas otras declaraciones de visión, esta suena como un tratado sobre "Cómo lograr la autorrealización a través del budismo." Entonces, cuando estés diseñando la visión de tu equipo, trata de evitar tales frases etéreas. En su lugar, elije una declaración que transmita una tarea más detallada y sobria al oyente.

Me gusta esta declaración de visión de los Boy Scouts of America:

Preparar a todos los jóvenes elegibles en Estados Unidos para que se conviertan en ciudadanos y líderes responsables y participantes, guiados por el Juramento y la Ley Scout.

O, aquí hay otra buena de la Sociedad de Leucemia y Linfoma:

Para curar la leucemia, el linfoma, la enfermedad de Hodgkin y el mieloma, y mejorar la calidad de vida de los pacientes y sus familias.

Observa cómo estas dos últimas declaraciones dejan poco espacio para la ambigüedad. Si deseas transmitir una visión corporativa sólida, debe ser claro con tus objetivos y el destino final no debe estar abierto a la interpretación.

No tengas miedo de soñar en grande y persigue metas elevadas, que puedan llevar generaciones en completarse. Pero, cuanto más clara sea tu visión, más fácil será para tus empleados seguir comprometidos con su búsqueda. Como regla general, las declaraciones de visión prolijas (como vimos en nuestro ejemplo de los Boy Scouts) tienden a ser más específicas. Y, especialmente en los primeros días de una empresa, se debe preferir ser específico a las reglas poéticas.

Cuando puedes agrupar a las personas con la misma visión, la energía colectiva del grupo ciertamente se catalizará. Se fomenta un verdadero sentido de compromiso, y se asegura que el éxito tendrá el mismo significado para todos los implicados.

Da a tus empleados una razón para levantarse de la cama por la mañana.

Al final del día, todos queremos que nuestras vidas tengan algún tipo de significado. Afortunadamente, para nosotros, el significado existencial es altamente subjetivo y mapeable en múltiples formas.

Cuando tus empleados comprendan las razones por las que trabajan a lo largo de su viaje, experimentarán un mayor sentido de motivación para resolver problemas y descubrirán el mejor camino a seguir. Si no puedes lograr atribuir un sentido de propósito al tiempo de tus empleados, puede ser difícil inspirarlos para que hagan su mejor trabajo. Y recuerda, "propósito" es subjetivo. Tratar de definir un propósito desde tu punto de vista, posiblemente no es comparable a tu perspectiva.

Es por eso que, con los OKR, fomentamos la retroalimentación y la divulgación pública de objetivos, entre los tres niveles de la corporación (desde los empleados hasta los gerentes y el CEO). ¿Recuerdas cómo enfatizamos la importancia de la "armonía de objetivos" en capítulos anteriores?

Si el Equipo A persigue un objetivo, y el Equipo B persigue un objetivo incompatible, y el resultado de ambos objetivos no tiene nada que ver con la Visión de la compañía, entonces es cuando ocurren los problemas. Así que trabaja duro para fomentar un ambiente armonioso entre los estratos de tu jerarquía organizacional.

Haz un "Cuaderno de Borradores de Objetivos de Vida" por separado

Noté un fenómeno interesante que ocurre cuando hablo con equipos corporativos sobre sus OKR. La reunión comienza de manera típica. Me paro en la pizarra y diseño algunas reglas para crear los OKR. Los empleados se dán cuenta rápidamente del sistema y prometen probarlo.

Luego viene la parte de la reunión donde comenzamos a crear los "objetivos de la empresa." Y aquí es donde tengo que tener cuidado. Porque, si dejo que esta reunión continúe durante demasiado tiempo, los objetivos que las personas eligen tienden a transformarse en objetivos de una naturaleza más existencial.

Cuando las personas inician por primera vez un ejercicio de establecimiento de objetivos, comenzarán escribiendo objetivos pragmáticos, como:

"Aumentar nuestra base de clientes en un 25%."

Pero, cuando la reunión se prolonga hasta la noche, sucede algo extraño. Comenzarán a elegir objetivos de vida más amplios como:

"Quiero más tiempo libre, para poder llevar a mi hijo a ver a su abuelo en Francia."

Hay que tener cuidado para evitar mezclar las metas de tu vida con los objetivos de tu negocio. Esto probablemente te suene obvio. Pero cuando le pido a los equipos corporativos que me muestren sus objetivos, se sorprenderá con la frecuencia con la que sus objetivos personales se mezclan con sus objetivos corporativos (y esto se aplica a todos, desde pasantes hasta dueños de negocios).

En el pasado, durante una sesión de entrenamiento acerca de los OKR, si un miembro del equipo comenzaba a anotar demasiados objetivos de vida etéreos, entonces le pedía que los borrara e intentara que se concentrara en nuestros objetivos de OKR para la empresa. Lo cual, ciertamente, tiende a ser (y de hecho está diseñado para ser) un poco más seco y pragmático. Pero, después de años de combatir este fenómeno, un día se me ocurrió simplemente aceptarlo. Es decir, cuando un empleado comienza a mezclar sus objetivos de vida con sus objetivos comerciales, entonces, en lugar de tirar sus objetivos de vida a la basura, le pido que los anote en un cuaderno de borradores por separado. Yo llamo a esto el "Cuaderno de Borradores de Objetivos de Vida."

Esto tiene el beneficio de permitir que la mente separe los objetivos personales de la vida, de los OKR corporativos en los que se está trabajando.

Al hacerlo, quiero transmitirle al empleado que sus objetivos personales de vida son importantes para él; y que de hecho deberían escribirse en alguna parte, e incluso compartirlos con sus compañeros de trabajo de vez en cuando. Pero los objetivos OKR son una cosa por separado y viven en un dominio diferente de métricas y reglas rígidas.

Ahora, dicho esto, uno nunca puede separar completamente la vida laboral y la vida personal. De hecho, estadísticamente, la mayoría de las parejas casadas estadounidenses se conocieron en el trabajo. Por lo tanto, sería prudente no ignorar por completo los objetivos de la vida personal en este libro. Por lo tanto, repasaremos algunos consejos para que pueda crear su propio "Cuaderno de Borradores de Obejtivos de Vida." Recuerda, los objetivos de vida no son OKR. Y el cuaderno de borradores no es un plan de negocios.

Por el contrario, en el Cuaderno de Borradores de Objetivos de Vida es donde puedes hacer todo lo que no puedes hacer durante una sesión de los OKR. Y, el Cuaderno de Borradores de Obejtivos de Vida es (por supuesto) bastante diferente de la Visión de tu empresa. Al mantener estos objetivos separados, permitimos que el cerebro guarde por separado los objetivos, manteniendo así los objetivos personales distintos de los objetivos corporativos. Puede haber alguna superposición, por supuesto. Pero hay utilidad en permanecer consciente de la división. En el Cuaderno de Borradores de Objetivos de Vida, puedes soñar libremente con tus metas futuras, al menos por un tiempo.

Creo que permitir este "ejercicio exploratorio de establecimiento de objetivos" alternativo, en realidad ayuda al empleado a estructurar mejor sus objetivos OKR (más pragmáticos). Debido a que es capaz de plasmar sus metas personales más ambiciosas en el papel, y esto le permite a su mente consciente aceptar que su meta de vida está, al menos, en un patrón de retención segura, mientras atiende a sus metas OKR más apremiantes.

Así que describamos cómo podría ser tu "Cuaderno de Borradores de Objetivos de Vida."

Hay una vieja pregunta de la industria de autoayuda que dice:

¿Te esfuerzas por ser tu mejor yo?

Esto depende de lo que "mejor" signifique para ti y de cómo planeas lograr este objetivo difícil de alcanzar.

El establecimiento de objetivos es el primer paso en nuestro viaje hacia una autorrealización óptima. Pero la fijación de objetivos es solo una parte de ella. Puedes dedicar mucho tiempo y esfuerzo a determinar tu objetivo ideal, pero si tu actitud hacia la vida (en general) es negativa, entonces alcanzar tu objetivo será casi imposible. La vida no se trata solo de lo que sabemos ni de lo que planeamos. Se trata de lo que practicamos; y especialmente de "lo que practicamos a diario."

Al final del día, tus objetivos son sobre ti mismo. Así que no te preocupes (ni siquiera un minuto) si tu objetivo suena loco para otras personas. Eso es irrelevante. Si las metas de tu vida no te asustan, es posible que hayas elegido las metas de la vida equivocadas. Y, como todos sabemos, son las ideas locas las que terminan cambiando el mundo.

En un mundo forjado con una rutina triste, los objetivos nos dan la oportunidad de soñar.

Imagina que tienes una pizarra en blanco y puedes decidir dibujar lo que quieras en ella. No te preocupes por los obstáculos que se avecinan inmediatamente. Empieza e meter en borrador tus sueños en primer lugar.

En tu bosquejo inicial, tus objetivos no tienen que ser de naturaleza financiera.

¿Qué es lo que siempre has querido hacer en la vida?

Comienza con las posibilidades placenteras y luego continúa con las más pragmáticas.

Cuando estés en la fase de soñar del proceso de planificación, no te preocupes por las facturas o las hipotecas. En cambio, piense en la versión ideal de "ti." Recuerda, esto es solo un ejercicio preliminar. Tendrás tiempo para pensar más sobre la practicidad de tus sueños a medida que avanzas en el establecimiento de tus metas.

Cuando comiences a escribir tus objetivos, comenzarás a ver la dirección en la que debes dirigirte, y esto facilita el proceso de toma de decisiones. Deja que estos objetivos iniciales (extravagantes) sirvan como punto de referencia preliminar para tus objetivos actuales más apremiantes.

Siéntete libre de usar un diario o incluso el cuaderno de borradores de un artista para escribir tus objetivos. El medio no es importante. Lo más importante es que guardes todos tus objetivos en algún lugar.

¿Por qué?

Porque debes volver a ellos más tarde. A medida que pasan los años, debes volver a ellos una y otra vez.

Tu experiencia de vida, motivaciones e incluso tu bioquímica serán diferentes, cada vez que observes tus objetivos. Diez, veinte o treinta años a partir de ahora, cuando vuelvas a abrir este cuaderno de recuerdos, algunas de las metas que escribas hoy, te parecerán completamente ridículas en el futuro. Otros objetivos parecerán tan fáciles de completar que te sorprenderá que incluso te hayas molestado en enumerarlos como objetivo.

Con suerte, en algún momento distante en el futuro, reconocerás algunos de tus objetivos como instrumentos para cambiar tu vida para mejor.

Siéntete libre de mantener tus metas más íntimas o de muy largo plazo escondidas. Pero, para tus objetivos diarios más pragmáticos, generalmente es mejor mantenerlos a la vista. Coloca una copia de tus objetivos diarios en tu refrigerador o espejo. Esto actuará como un recordatorio constante. Y, la exposición repetida a tus objetivos te ayudará a enfocar tu conciencia (y mente subconsciente) en lo que deseas lograr.

Se explícito cuando se trate de establecer tus objetivos de vida.

- ¿Por qué este objetivo es tan importante para ti?
- ¿Es importante porque tu familia quiere que lo hagas o porque tú lo quieres cumplir?

Por ejemplo, si tu objetivo este año es perder peso, pregúntate por qué esto es importante para ti. ¿Darás los pasos necesarios y harás los sacrificios necesarios para lograr este objetivo?

La pregunta principal que debes poder responder es si eventualmente sentirás una sensación de logro, cuando logres este objetivo o no.

Por ejemplo, supongamos que tu objetivo es convertir tu negocio en el mejor en tu nicho de mercado. Pero también deseas mantenerte conectado con tu hijo y entrenar al equipo deportivo de tu hijo. Habrá momentos en que un objetivo que se desvanece, lo hace a expensas de otro; y buscar la armonía entre todos los objetivos en su cuaderno de borradores, casi nunca es posible.

Aquí hay un par de preguntas que puede hacerte durante tu ejercicio de bosquejo de objetivos:

- ¿Qué objetivos elegirías si solo tuvieras un año de vida?
- ¿Qué objetivos elegirías si estuvieras seguro de que tenías 40 años de vida?
- ¿Qué harías si nunca más tuvieras que preocuparte por tus finanzas?
- ¿Qué harías si nunca tuvieras miedo de fallar?

No planees toda tu vida en un día. Tu cuaderno de dibujo para establecer objetivos está destinado a ser reelaborado, a lo largo de tu vida. Tómate al menos un par de días para tomar grandes decisiones. Duerme sobre ellos. Vuelve a ellos momentáneamente durante la semana. Descubrirás que, después de una noche de descanso, los objetivos tienden a transformarse y simplemente aparecen diferentes, cada vez que los mira por la mañana.

A lo largo de tu vida, puedes tener cientos de objetivos. Pero solo hay 24 horas en el día. Por lo tanto, es importante elegir solo tres o cuatro para concentrarte, en un momento dado. No tienes que hacer todo de una vez. Tómalo con calma y firmeza. Una vez que hayas elegido un objetivo que no solo sea importante para ti, sino que también te entusiasme, el siguiente movimiento es comenzar a dar pequeños pasos que te ayudarán a alcanzar tu objetivo.

Mantente alejado de las estrategias que abogan por un enfoque de "todo o nada." Un pequeño paso al día puede ayudarte a lograr grandes resultados. Alcanzar objetivos de vida es un proceso, no una píldora mágica. Puedes crear una regla de un paso por día para ti mismo. Esto significa que cada día harás algo, independientemente de cuán pequeño o grande sea, que te ayudará a alcanzar tus objetivos.

Sin embargo, date un par de "días libres" también. Es probable que haya algunos días en los que no hayas logrado avanzar hacia tu objetivo. Eso está bien. No seas demasiado duro contigo mismo. Cuantos más objetivos establezcas, menos tiempo y energía tendrás a disposición para cada uno, por lo que sería aconsejable limitar el número de objetivos que te fijes. De hecho, tal vez uno o dos objetivos de vida individuales podrían ser ideales, porque significa que podrás dedicar todo tu tiempo, energía y concentración a un rango más limitado de actividades.

Ca 7: Liderazgo y Desarrollo de Equipo

Construir (y mantener) un equipo de empleados dedicados y motivados es la parte más difícil del trabajo del propietario (o gerente) del negocio. Es difícil encontrar personas conscientes, que también tengan un deseo intrínseco de presentarse a trabajar cada mañana. Además, el estilo por el cual un gerente dirige a sus empleados, varía de una industria a otra. Y, algunos tipos de personalidad encuentran algunos estilos gerenciales, más fáciles de manejar que otros. Dicho esto, comencemos describiendo los tres tipos más comunes de gerentes que hemos encontrado.

Tres Diferentes Estilos de Gerentes

Estilo 1: El visionario

Un gerente que es un visionario, es bueno para transmitir un "propósito" y una "dirección" a sus empleados. Tienen éxito cuando convencen a sus equipos de que la "visión" que tienen en mente es valiosa e importante para el mundo. El visionario a menudo tiene sus ojos puestos en el horizonte y, por lo tanto, puede encontrar tediosas las minucias cotidianas de los negocios. En consecuencia, naturalmente podrían evitar la microgestión de empleados. Lo que puede ser genial para fomentar la autonomía. Pero, al mantener sus ojos enfocados en el horizonte, pueden perder de vista los baches directamente frente a ellos. (Para una excelente representación de un visionario enloquecido, te recomiendo leer el best-seller "Bad Blood: Secrets and Lies in a Silicon Valley Startup" de John Carreyrou).

Estilo 2: El democrático

En una oficina gestionada democráticamente, la mayoría gobierna (supuestamente). Los gerentes alientan a los empleados a participar activamente en las decisiones corporativas. Un gerente a menudo tiene la "última palabra" sobre las decisiones. Pero, debido a que los empleados son participantes tan activos, tienen mucha influencia. La participación del equipo y las preferencias del equipo son altamente valoradas en tales esquemas. En consecuencia, dichos equipos generan un aumento en la moral y desarrollan confianza en las relaciones fácilmente. Muchos empleadores (especialmente el tipo "softie") prefieren este tipo de estilo de gestión, aunque nunca lo respalden formalmente.

Debido a que las oficinas administradas democráticamente toman "decisiones grupales", esto puede eliminar parte de la carga de la toma de decisiones de los hombros del empleador. Por lo tanto, si una decisión dada sale mal, el gerente puede darse el lujo de contar que, de hecho, la mayoría de la oficina votó a favor. Así que no es "todo culpa suya."

Estilo 3: El entrenador

Al igual que en su 4° periodo de tu profesor de gimnasio, el Sr. Woodcock, algunos administradores asumen un rol parecido a tu entrenador. Dichos gerentes tienden a ser hombres, y son propensos a participar en cánticos a las 5:00 pm, en los que exclaman en voz alta las muchas virtudes de los artículos de tocador de Burlington, o cualquiera que sea su producto.

Algunos empleados parecen encontrar todo esto entretenido, algunos lo encuentran molesto, y algunos encuentran que es simplemente extraño. Pero, dependiendo de su industria, este estilo de administración es bastante popular y puede ser efectivo, especialmente en ventas.

¿Cual es el estilo adecuado para ti?

Solo tu puedes decidir qué estilo gerencial funcionará mejor para tu personalidad y para tu industria. Hay pros y contras para cada persona. Y la mayoría de los gerentes tendrán que usar los tres sombreros, en un momento u otro.

El arte de la comunicación en la oficina

La comunicación es la clave. Como propietario o gerente de un negocio, la mayor parte de tu día lo pasarás comunicándote con los miembros del equipo. Por lo tanto, comprender los matices que dictan cómo se comunican los humanos tiene un beneficio seguramente. Recuerda el chiste del CEO nuevamente: el acrónimo CEO generalmente significa "Director de correo electrónico."

A continuación, enumeramos cinco habilidades de comunicación importantes que los gerentes efectivos utilizan.

1. Trata a tus empleados como seres humanos

En las charlas corporativas, hay una tendencia a usar las palabras "nosotros" o "nos" o decir cosas como "la empresa siente..." Pero cuando hables con tus empleados, habla con ellos como individuos y evita la tendencia natural de usar el "nosotros real." Tu empresa puede tener muchos engranajes en muchas ruedas. Pero, en última instancia, el mecanismo de relojería de tu empresa está compuesto y mantenido por personas, con toda su brillantez y tambien con sus problemas. Así que abraza esta noción y acepta las curiosas propensiones del tapiz humano.

2. Deja que la gente venga a ti

Como gerente, debes ser un solucionador de problemas. Pero si no tienes una política de puertas abiertas, es posible que nunca sepas qué problemas requieren tu atención. Así que trata de no cerrarte a tu equipo. Puedes participar en la rutina diaria con ellos, manteniendo un aire de autoridad.

Cuando sea posible, anímalos a resolver los problemas por sí mismos. Esto implica entregar cierto grado de confianza y autoridad a cada puesto en la empresa. Descubrirás que tu empresa funciona mejor cuando lo hayas hecho, ya que no habra solo un solucionador de problemas, sino docenas, todos trabajando hacia el mismo objetivo, de forma autónoma.

3. Escucha al dar instrucciones

La mayoría de los gerentes cometen el error de creer que sus instrucciones son claras al momento de la entrega. Principalmente porque, de hecho, las instrucciones son claras como el cristal, en la mente del gerente. La entrega de instrucciones a través de palabras es un proceso psicológico desordenado. Y transmitir información, especialmente información técnica compleja, es necesariamente propenso a errores.

Entonces, cuando hables con tus empleados, escucha sus respuestas y observa su lenguaje corporal. Solicita comentarios cuando sea apropiado y escucha sus inquietudes. Como Stephen Covey escribió en "Los 7 hábitos de las personas altamente efectivas:"

"Busca primero entender, después ser entendido."

4. Usa notas y un llamado a la acción

Como líder del equipo, es importante que mantengas una idea sobre el objetivo hacia el cual trabaja cada miembro del equipo. Los OKR se destacan en el seguimiento de tareas de rango medio. Pero para aquellos momentos en que las instrucciones se dispersan rápidamente, se requiere un tipo diferente de comunicación.

Uno en el que las instrucciones se reparten en el calor del momento. Si le dice a un empleado que haga algo y no ve que ese empleado lo escribe en alguna parte, entonces existe una buena posibilidad de que nunca se haga. Además, mantener sus propias notas suele ser esencial para el seguimiento.

Ahora tomo notas sobre todo. Hay miles de listas y listas de verificación en mi PC, que describen todo, desde cómo iniciar una aplicación de software hasta cómo lavar el automóvil. (Para una gran discusión sobre el poder de las listas de verificación, lee "El Manifiesto de la Lista de Verificación" del Dr. Atul Gawande). Pero, dicho eso, he trabajado con muchos equipos (compuestos por gerentes y empleados) que simplemente no toman notas. Simplemente no les gusta; y para esas personas, no hay nada que pueda decir para convencerlos de que escriban algún tipo de nota de seguimiento de tareas. Por lo tanto, no me esforzaré demasiado aquí. Pero si tu eres uno de esos gerentes que llega a la oficina todas las mañanas y se sorprende al enterarse de que la mayoría de las tareas no se han completado, considera pasar un día con un bloc y un lápiz, y simplemente anota las tareas.

Lo más importante y útil es finalizar sus conversaciones con un llamado a la acción. En marketing, un llamado a la acción es una copia de una copia que incita al lector a su siguiente paso de acción, generalmente para comprar un producto o registrarse en un sitio web. Por lo tanto, cuando interactúes con tus empleados, intenta finalizar tus conversaciones con un mini llamado a la acción. Es decir, cuando una interacción llege a su fin, tómate un momento para resumir lo que se acaba de discutir. Particularmente, haz que los empleados repitan lo que se debe entregar y cuándo se revelará.

5. Evitar la ira

Como líder, tienes que ser la roca.

La política y las emociones de la oficina a menudo son importantes y dan como resultado un comportamiento destructivo o agresivo entre tus empleados. Pero los arrebatos emocionales casi nunca son la solución. Como escribió el ensayista francés Joseph Joubert:

> El objetivo de una argumentación, o de la discusión, no debe ser la victoria, sino el progreso.

Recuerda, el fracaso es común. Y fallar es esencial para seguir siendo competitivo, especialmente en este entorno empresarial acelerado (tecnológicamente habilitado) del siglo XXI. Permitir que el malestar del error permanezca dentro de tu departamento es perjudicial para tu éxito. Así que permanece estoico, cuando las cosas salgan mal. No discutas y tan solo sigue avanzando. En "Cómo ganar amigos e influir en las personas", Dale Carnegie escribió:

> ... Llegué a la conclusión de que solo hay una forma ... de obtener lo mejor de una discusión, y es evitarla. Evítalo como evitarías serpientes de cascabel y terremotos. Nueve de cada diez veces, una discusión termina con cada uno de los concursantes más firmemente convencidos que nunca, de que tiene toda la razón.
>
> No puedes ganar una discusión. No puedes porque si la pierdes, la pierdes; y si la ganas, la pierdes. ¿Por qué? Bueno, supongamos que triunfas sobre el otro hombre y dejas su argumento hecho pedazos ... ¿Entonces qué? Te sentirás bien. ¿Pero qué hay de él? Lo has hecho sentir inferior. Has herido su orgullo. Se resentirá de tu triunfo. Y [como dice el viejo adagio:] "Un

hombre convencido en contra de su voluntad, todavía tiene la misma opinión.

Cómo ser un líder

Llevar a tu equipo al éxito puede (a veces) sentirse un poco como pastorear gatos. Si comienzas a gritar y gritar, solo vas a asustarlos. En cambio, debes hacer que se interesen en caminar por el mismo camino por el que caminas. En muchos sentidos, este es el papel principal de un buen líder.

En esta sección, enumeraremos cinco características importantes del liderazgo.

1. Los buenos líderes están organizados.

Si quieres que tu empresa esté organizada, entonces la organización comienza contigo mismo. En la sección anterior, enfatizamos la necesidad de mantener listas de verificación, seguimiento de tareas y registrar los avances de los empleados. Tu capacidad para realizar con éxito tales tareas diarias de gestión de la información es fundamental en tu desempeño como gerente.

Esto es más importante que cualquier sistema digital complejo, o circuitos de rastreo GPS elaborados, si puedes lograr simplemente mantener un planificador diario de reuniones y actividades, entonces probablemente estés mejor que la mayoría de los gerentes que hemos conocido. Manejar con éxito tu presencia, de un grupo corporativo a otro, a menudo ocupa la mayoría de los esfuerzos de gestión. Como dijo Woody Allen:

Aparentar es el 80% de la vida.

---

2. Los buenos líderes tienen inteligencia emocional

Ser un buen líder casi necesariamente implica tener un buen control de la Inteligencia Emocional. El término inteligencia emocional abarca un conjunto de habilidades como:

- Ser capaz de identificar o predecir qué emociones surgirán en tus empleados.

- La capacidad de reconocer tus propias emociones, discernir entre ellas y etiquetarlas correctamente.

- La capacidad de reducir tus propias emociones negativas y mantener la calma bajo presión.

- Y, la capacidad de calibrar tu paleta emocional actual, para satisfacer las necesidades de cualquier entorno en el que te encuentres.

Esforzarte por mantenerte al tanto de los impulsos internos y las emociones vacilantes de los miembros de tu equipo, es beneficioso para una buena gestión y liderazgo. Como escribió Alexander Pope en 1733:

Conócete a ti mismo, no presumas que Dios te deba escanear;
El estudio apropiado de la humanidad es el hombre.
Colocado en este istmo de un estado medio,
Un ser oscuramente sabio y groseramente grandioso.

---

3. Los buenos líderes conocen su industria.

No deberíamos tener que decirte que, como gerente, "conocer tu industria" es importante. Pero como muchos de los que han tenido alguna experiencia en las empresas estadounidenses ya lo saben, a menudo, los empleados conocen el negocio mejor que el gerente. Hay una variedad de razones de esto. Principalmente porque los gerentes a menudo son contratados debido a sus habilidades administrativas anteriores, que a menudo se perfeccionaron en otra industria. Quizás uno que esté muy alejado de la industria en la que se encuentra actualmente. Si este es el caso, entonces esto no significa que debas refugiarte, delegando el conocimiento específico de la industria a tus subordinados. En su lugar, debes trabajar duro para aprender todos los aspectos de tu industria, escuchar a tus empleados y hacer que te pongan al día.

4. Los buenos líderes marcan el ritmo y el paso.

Recuerde, con los OKR, nos gusta mantener nuestras expectativas altas. Perseguir objetivos ambiciosos, casi imposibles de alcanzar, es normal en los OKR. Pero mantener altas las expectativas (en general) debería ser el estado predeterminado en tu oficina. Mantener una barra alta para la producción diaria, asegura que mantengas un alto nivel de productividad anual.

En un equipo de tripulación típico, el remero con mayor capacidad técnica se coloca en la proa del barco. Este papel es especial, porque el hombre que ocupa este asiento marcará el ritmo para toda la tripulación de remeros.

Como gerente, es tu trabajo ocupar este puesto. Tu equipo imitará el ritmo que establezcas. Si te acercas a tu trabajo de manera casual y descuidada, tu equipo también lo hará. Si te respetas a ti mismo, tomas tu posición en serio y emprendes una acción diaria ambiciosa, entonces tu equipo se sentirá más inclinado a modelarse a ti mismo según tu ejemplo.

5. Los buenos líderes son consistentes (la "hipótesis del mundo justo")

La gente aprecia la justicia y la coherencia. Nos hace sentir seguros, saber que las malas acciones tienen consecuencias y que las buenas acciones son recompensadas.

Todos queremos creer en la "Hipótesis del Mundo Justo." Es un sesgo cognitivo que postula que las buenas acciones de cualquier persona serán (en última instancia) recompensadas. Y sus malas acciones serán castigadas (al menos algún día).

Por supuesto, la hipótesis del mundo justo es una falacia. Pero eso no importa. Como gerente, es tu trabajo asegurarte de que exista la Hipótesis del Mundo Justo, al menos en el piso de tu oficina de lunes a viernes.

Si puedes tratar a tus empleados de manera confiable, con equidad y consistencia, esto ayuda a generar confianza y respeto. Pero, si tu comportamiento es errático e impredecible, y eres propenso a arrebatos emocionales, entonces esto crea ansiedad y dudas para los empleados. Nadie quiere trabajar para el Dr. Jekyll y el Sr. Hyde.

Los 3 principales errores de liderazgo

Eres un gerente, eso significa que eres un solucionador de problemas. Pero no sería bueno que todos los empleados de tu departamento también resolvieran problemas.

Dependiendo de tu industria, puede estar en condiciones de hacer que esto suceda. En la mayoría de las oficinas con las que nos encontramos, la mayoría de los empleados pueden estar haciendo una resolución de problemas mucho más independiente de lo que lo hacen actualmente.

A continuación, enumeramos tres atributos que a menudo dificultan la resolución de problemas de los empleados autónomos en una oficina típica.

Problema 1: demasiada microgestión

Si manejas el tipo de oficina donde las personas necesitan registrarse antes de abrir el refrigerador, esto probablemente no sea propicio para un entorno en el quetsus empleados se preparen y tomen las riendas (cuando sea apropiado).

Por lo tanto, no tengas miedo de delegar el trabajo a un subordinado. La mayoría de las personas aceptarán el desafío, si las dejas, y si pueden ver que su campo particular de experiencia es necesario para ayudar al equipo. No te muevas sobre los hombros de tus empleados. No trates de adivinar sus decisiones intermedias. La microgestión obsesiva frustrará incluso a los empleados más pacientes.

Problema 2: tus empleados tienen miedo a ofrecer sugerencias.

En los negocios, es típico enfrentarse a dos proverbios en competencia:

"La rueda que chilla consige la grasa."

y

"El clavo que sobresale se golpea."

Podríamos tomar el primer proverbio como indicativo de que el empleado que hace ruido es escuchado. El segundo proverbio es una advertencia contra los intentos de evitar la conformidad. Como gerente, las cosas suelen ir mejor cuando eres capaz de encontrar algún tipo de punto medio. Específicamente cuando fomentas un entorno en el que las sugerencias beneficiosas tienen una vía por la cual pueden filtrarse hasta la cima.

Problema 3: regañar a tus empleados por asumir riesgos y cometer errores

A los empleados de Google se los alienta a dedicar el 20% de su tiempo a trabajar en sus propios proyectos. Obviamente, la gran mayoría de estos proyectos paralelos nunca hacen dinero para Google. En todo caso, la mayoría de estos proyectos le cuestan a Google millones de dólares por año. Porque el 20% de la semana laboral equivale a casi dos meses de costo laboral por empleado. Pero cuando te das cuenta de que Gmail, Google Maps, Twitter, Slack y Groupon comenzaron como "proyectos paralelos", entonces su utilidad tiene más sentido.

Por eso, si eres el tipo de gerente que le grita a un empleado por gastar un dólar más para comprar Snapple en lugar de Coca-Cola, entonces podrías estar creando un entorno en el que tus empleados tengan miedo de probar algo nuevo.

Team Building 101: Cómo atraer (y mantener) los mejores talentos

Tómate el proceso de contratación muy en serio. A veces se estima que 3/4 de todas las nuevas contrataciones han sido "incompatibles" en su nuevo rol. Terminan siendo la persona equivocada para el trabajo. Esto podría ser malo en términos monetarios, pero también puede ser costoso para la moral de la empresa, la productividad de la oficina y la cohesión psicológica.

Si alguna vez has intentado reclutar talento, especialmente en un dominio técnico, entonces sabes lo difícil que puede ser este proceso. El mercado laboral actual favorece a las aves raras de alto coeficiente intelectual. Y estas personas a menudo ya saben que tienen demanda. Trabajar para atraer a los solicitantes de alta calidad implica aprender a diferenciar su empresa de otras organizaciones de su industria. A continuación, enumeraremos algunas formas de intentar que esto suceda.

1. Sea claro en quién es y qué necesita

El primer paso para reclutar nuevos talentos es ser claros al comunicar tres cosas:

1. Que estas buscando.
2. Lo que estás dispuesto a pagar.
3. Y cuál es la misión de tu empresa.

En el "juego del amor", la forma más fácil de atraer a una pareja deseable es simplemente ser tú mismo. Este método también funciona para tu departamento de recursos humanos. Vender tu empresa como un "entorno de trabajo atractivo" es mucho más fácil si tu empresa realmente lo es.

Encuentra formas de expresar tus objetivos de manera auténtica, ya sea a través del sitio web, los videos o la marca de tu empresa. Pero, lo que es más importante, (como probablemente ya lo sepas) la mayoría de las relaciones comerciales se establecen debido a las redes terciarias, es decir, cuando alguien te presenta a "un amigo de un amigo", y esta persona se convierte en tu nuevo empleado, nuevo socio comercial, o nuevo director financiero.

Debido a este fenómeno, tus empleados actuales son necesariamente embajadores de tu marca. Cada vez que interactúan con alguien (en un bar, en una feria comercial o en una llamada de Skype), (en parte) representan a tu empresa; por lo tanto, mantener contentos a estos empleados e incentivarlos para que brinden recomendaciones de contratación definitivamente es de tu interés.

2. Tómate en serio la retención

Perder gente buena significa perder dinero. Así que trabaja duro para controlar el estado de ánimo y la moral de tus empleados. Si hay empleados descontentos entre los tuyos, entonces lucha por ver por qué es así. Quizás puedas alterar el entorno o la dinámica del equipo, para que esta persona esté satisfecha.

De hecho, perder a un empleado concienzudo (que incluso es moderadamente exitoso en su puesto) es extremadamente costoso, incluso si logras encontrar rápidamente a alguien "mejor." Esto es particularmente cierto cuando hablamos de costos no cuantificables, como el costo cultural y emocional para tu equipo, y el riesgo involucrado al presentar nuevos miembros a un grupo ya establecido.

3. Aprovecha las fortalezas de tus empleados

Cada empleado tiene un conjunto único de habilidades y rasgos. Más importante aún, cada empleado tiene un aspecto de su trabajo que realmente disfruta al hacerlo. Así que trabaja duro para tratar de hacer coincidir al empleado correcto con la tarea correcta. Conocer a tus empleados y tomar nota de sus habilidades, preferencias y antecedentes personales es fundamental aquí. Cada persona en su equipo traerá sus propios prejuicios y perspectivas a la mesa. Entonces, como gerente, es tu trabajo sinergizar esta multitud de puntos de vista y hacer que todos trabajen juntos, hacia el bien colectivo.

Además, prepárate para buscar nuevos líderes dentro de tu propio equipo. Los líderes generalmente no nacen, se hacen. Cada líder comienza en alguna parte. Tal vez se está forjando uno en los fuegos de tu oficina principal, en este momento.

4. Ofrecer programas de educación continua y tutorías.

Las personas inteligentes en puestos sofisticados (especialmente en tecnología) están en un estado continuo de aprendizaje. Por lo tanto, facilitar este proceso hace que tu organización sea más atractiva. Las personas de alto rendimiento entienden que hay más en un trabajo que el salario mensual. Hay un beneficio adicional en poder mejorar un conjunto de habilidades o hacer una investigación novedosa. Y cuanto más innovadora sea tu empresa, más podrás capitalizar este fenómeno. Como dijo el gran físico estadounidense Richard Feynman:

"Cuando haces algo la primera vez, eres un científico. Cuando haces algo la segunda vez, eres ingeniero. Y, cuando haces algo por tercera vez, solo eres un técnico."

Lo que significa que, a los más talentosos entre nosotros a menudo, no les gusta ser técnicos. Les gusta trabajar en algo nuevo y novedoso. Esfuérzate por adaptar la experiencia de los empleados para que haya muchas oportunidades de exploración y crecimiento intelectual.

El modelo tradicional de tutorías es un poco anacrónico en la era moderna. Esto es lamentable, porque es una excelente forma de transmitir la información. Y, la mayoría de los grandes líderes pueden recitar los nombres de varios mentores en sus vidas. Así que esfuérzate por fomentar un entorno en el que se fomenten y acojan las tutorías.

5. Se flexible con horarios y compensaciones

Puede ser necesario ofrecer a los nuevos empleados un paquete de compensación único, así como un horario no convencional. Para los candidatos que son particularmente demandados, es posible que tengas que ajustar su horario entorno a ellos, en lugar de que sea al revés. Dependiendo de tu industria, ser inflexible en este tema puede (o no) estar justificado. Pero solo ten en cuenta que las horas de trabajo inflexibles (particularmente en la era digital), a menudo son un punto difícil para los empleados tecnológicos que tienen mucha demanda.

6. Cuidado con la envidia, el orgullo y la codicia.

Si has sido bendecido con la posibilidad de administrar miembros de equipo particularmente inteligentes, o si estás administrando un equipo de profesionales con un movimiento ascendente, entonces, no cometas el error de percibir su impulso hacia adelante como una amenaza.

Competir con tu propio equipo es la forma más rápida de perder tu respeto y la forma más rápida de convertir tu lugar de trabajo en un ambiente tóxico.

Los mejores líderes son los que realmente se preocupan por cada miembro de su equipo. Y, a veces, esto podría ser a expensas de los objetivos personales o profesionales del líder. Es este tipo de "sacrificio por el equipo" que es el sello distintivo de un gran liderazgo. Como a Simon Sinek le gusta decir:

Los líderes pobres sacrificarán a la gente para salvar los números. Los grandes líderes están dispuestos a sacrificar los números para salvar a la gente.

Ca 8: Estimular la motivación de los empleados

Es nuestro deber motivar al equipo.Si eres un gerente o un jefe, entonces eres el entrenador y animador de tu equipo. Y los miembros de tu equipo buscarán tu crítica, orientación y apoyo .Un grupo de personas altamente motivado es el mejor activo que puedes tener un tu negocio. En esta sección, hablaremos sobre lo que se necesita para motivar a su equipo.

Sobre la motivación humana

La motivación humana es algo gracioso. Si solo escucharas al gran capitalista de antaño, podrías pensar que los "mecanismos de motivación" fueron cuantificados hace mucho tiempo.Y es suficiente, simplemente adoptar una estrategia de "zanahorias y baritas" para inducir a tus empleados a seguir apareciendo cada mañana para continuar con la rutina diaria, durante la cual soportan una gran labor física o cognitiva, todo por la búsqueda de tus propios intereses egoístas.

Bueno, si pensabas que el "dólar todopoderoso" era el ímpetu principal detrás de la motivación de tus empleados, entonces quizás debas escuchar esto. Algunos experimentos sobre incentivos muestran que, a medida que aumenta la recompensa monetaria, disminuye el rendimiento cognitivo. La razón de esto no está clara, pero el papel del incentivo financiero parece ser secundario a otras dinámicas sociales, como la autonomía, el dominio y el propósito. Analicemos brevemente cada uno de estos motivadores.

Motivador 1: Autonomía

La "autonomía" describe nuestro deseo de llevar una vida autodirigida. Implica la libertad de elegir entre una variedad de opciones, de actividades diarias. El número y la calidad de las opciones que se nos presentan son particularmente importantes cuando se trata de "opciones de carrera." Los empleados con "alta autonomía" tienen más libertad en las corporaciones, y a veces se les anima a seleccionar los proyectos en los que les resulte más interesante trabajar.

Motivador 2: Dominio

El "dominio" se trata del impulso interno que uno siente, de cultivar una habilidad. Curiosamente, parecemos experimentar alegría al dominar una tarea compleja, incluso si la finalización de esta tarea no tendrá ningún beneficio positivo para nuestras vidas. Cualquiera que se haya embelesado con un videojuego, es muy consciente de esta experiencia. Sabemos que ser competentes en Super Mario Bros no aumentará nuestra posición en la vida. No mejorará nuestro currículum ni nos hará más populares con el sexo opuesto ni pondrá comida en la mesa. Y sin embargo, jugamos, jugamos y jugamos. Pasamos largas horas dominando estos juegos, por razones desconocidas para nosotros. Aparte del hecho de que, en ese momento, simplemente "pensamos que es divertido." ¿No sería genial si tus empleados también se sintieran así acerca de sus trabajos?

Motivador 3: Propósito

El "propósito" implica el deseo de realizar actividades que sean valiosas y significativas. Actividades que son significativas para ti, significativas para tu familia o significativas para la humanidad en general. Cuando el cerebro percibe que una meta tiene un valor real, entonces alentará a la mente consciente a progresar a lo largo de los pasos que le permitirán alcanzar esta meta. Sin embargo, cuando el cerebro no ve el valor inmediato (en lo que sea que esté trabajando), puede intentar desviarte de la tarea. Introducirá aburrimiento, duda, inseguridad y desesperación a tu mente consciente, y perderás tu "mojo." Sencillamente no te sentirás muy inspirado para hacer la tarea en cuestión. Cuanto más cuestionable sea el valor de la tarea, menos querrás hacerlo.

Es este tipo de sistema de "castigo y recompensa" que mantuvo vivos a tus antepasados.

Aquí hay un experimento mental para entender este fenómeno. Supongamos que un rico, barón de la tierra, te dijera que un billete de $100 dólares fue enterrado en algún lugar de su enorme propiedad de 500 acres. Y si cavó un hoyo de 10 pies, en una ubicación seleccionada al azar, entonces podría encontrarlo. Ahora, si tu cerebro funciona correctamente, debería desviarte de esta tarea. Esta búsqueda tiene un costo muy alto y una probabilidad muy baja de obtener cualquier recompensa. Incluso si comenzaras esta tarea, tu cerebro te desviaría de completarla durante todo el proceso de excavación, como debería de ser.

Ahora, considera el mismo escenario, excepto que esta vez nuestro rico, barón de la tierra, dice que te dará un millón de dólares por cavar un hoyo de 10 pies. La obtención de esa cantidad de dinero por solo un par de horas de trabajo es una búsqueda obviamente beneficiosa. Y, aunque el trabajo requerido en este escenario es el mismo que en el escenario anterior, las emociones que tu cerebro presentará a tu mente consciente serán muy diferentes. Tu cerebro te alentará a hacer la tarea y a trabajar de manera rápida y diligente, todo en pos de la recompensa masiva de un millón de dólares.

Ten en cuenta que no es necesario utilizar el dinero como el principal motivador en nuestro experimento mental. En lugar de un millón de dólares, supongamos que el barón de la tierra te ofreció la "cura para el cáncer" a cambio de tu trabajo, o la fórmula para la fusión en frío, o una cita con una supermodelo, o la oportunidad de que te reunas con el presidente. La naturaleza de la recompensa no es importante. Lo importante es que nuestro trabajador piense que la recompensa tiene valor para él.

Construir un ambiente de trabajo "rico en motivadores"

Entonces, ¿cómo fomentamos la motivación intrínseca en nuestros empleados?

La solución radica, primero, en comprender la diferencia entre la motivación intrínseca y extrínseca. Si te obligan a hacer algo (como levantar pesas durante una hora a punta de pistola), este es un ejemplo de motivación extrínseca, porque la fuerza motivadora es externa a tu mente. Pero si eliges hacer ejercicio porque personalmente buscas un físico mejor y más saludable, vas al gimnasio cada mañana para obtenerlo, entonces este es un ejemplo de motivación intrínseca.

Nuestros tres atributos descritos anteriormente (de autonomía, dominio y propósito) forman el cóctel mágico que genera una motivación intrínseca en su fuerza laboral. La forma en que tu organización trabaje para fomentar estos tres rasgos dependerá de factores que son exclusivos de tu negocio. No hay dos compañías que tengan el mismo esquema corporativo, y solo tu sabrás qué métodos funcionarán mejor. Pero, dicho esto, enumeraremos algunos principios generales:

1: *Asegúrate de que tus empleados sepan por qué son valiosos*

Como gerente (o propietario de un negocio), el valor de cualquier empleado puede ser obvio para ti; pero, a menudo, el valor del trabajo puede no ser obvio para el propio empleado. Por lo tanto, para obtener el mejor trabajo de cada empleado, debes esforzarte por inculcar un sentido de "propósito, valor y significado" en cada posición en la escala corporativa. Esto podría implicar algo tan simple como mostrarle a tu empleado exactamente cómo su producción de trabajo afecta a otros empleados en los trabajos corporativos. Incluso si el trabajo en cuestión implica trabajo físico o trabajo monótono, esto no significa que no se pueda obtener un sentido de propósito y valor.

Considera las representaciones comunes en tiempo de guerra de los médicos del ejército, corriendo estrepitosamente por condiciones peligrosas (en un campo de batalla devastado por la guerra), para ayudar a salvar a un compañero caído. Este trabajo es cualquier cosa menos elegante. De hecho, es el trabajo más sucio y aterrador que una persona puede hacer. Y, sin embargo, el médico se siente intrínsecamente motivado para hacerlo. Porque sabe que su equipo lo necesita e inmediatamente ve el valor obvio: que está en condiciones de proporcionarlo.

2: Sé transparente

A lo largo de este libro, hemos tratado de enfatizar la importancia de la "transparencia" en la aplicación del marco OKR. De hecho, parte de la efectividad de los OKR se basa en la manera abierta en que los OKR se asignan a varios miembros de una jerarquía organizacional. Esto puede ser de particular importancia al motivar a los empleados porque cada empleado puede ver cómo la producción de su trabajo (aparentemente) intrascendente, realmente se filtra, hasta los niveles más altos de la organización, y (en última instancia), a la construcción del producto final.

Recuerda, las personas experimentan una motivación intrínseca cuando ven "propósito, valor y significado" en su trabajo. Fomentas estas emociones cuando mantienes tu organización transparente para permitir que tus empleados vean por qué su trabajo es valioso.

3: Fomentar el autodesarrollo de los empleados y la educación continua

Se ofrece valor a los empleados cuando se les brinda oportunidades de crecimiento personal. Esto podría implicar tutorías, crecimiento de habilidades, bienestar físico o incluso autodesarrollo intelectual o social. Lo importante es que el empleado perciba que su vida mejora cada día que es tu empleado.

4: Invita a los comentarios y la colaboración del grupo

La mayoría de las personas, en cualquier organización, sienten que sus comentarios no son apreciados. Si una persona siente que no es valorada, entonces puede retirarse de contribuir por completo y esto es lo que no quieres que suceda. Por lo tanto, alienta la participación de los empleados y (especialmente) los comentarios anónimos de los empleados, cuando sea posible. Y reconoce las buenas sugerencias que recibes, independientemente de si las implementas o no.

5: *Manten una política de puertas abiertas*

Por lo general, se debe fomentar una "política de puertas abiertas." Específicamente, los empleados individuales deben creer que pueden confiar en ti si entran a tu oficina y entregan su información. Esto no quiere decir que tu oficina sea una fuente de chismes, ni un confesionario de sacerdotes. Pero sí significa que los artículos relacionados con el trabajo pueden discutirse libremente en privado. Aquí hay un gran valor a la discreción. Es importante mantener estos entornos porque una crítica de otros empleados a menudo se realiza mejor en privado.

6: *Intenta mantenerlos felices*

Cada empleado nace con un nivel diferente de felicidad básica. Y las personas que parecen infelices, en realidad podrían estar bastante contentas. Pero, en términos generales, un empleado feliz es un empleado productivo. La felicidad (y una actitud positiva diaria) son contagiosas. Por lo tanto, asegúrate de tomar las medidas necesarias para mantener la moral de los empleados.

7: Sé generoso en recompensar pequeñas victorias

Recordemos que, con los OKR, establecemos "objetivos flexibles." (Metas que son imposibles de alcanzar por completo, porque la meta inicial en sí misma es muy ambiciosa). Pero esto no significa que debas ignorar las pequeñas victorias, especialmente a nivel de los empleados.

Si bien es bueno seguir presionando a tu personal para que supere tus límites preconcebidos, también se debe tener cuidado de no dejar que tus éxitos pasen sin ser reconocidos. Del mismo modo que se alentará a la rata en un laberinto a seguir corriendo, después de oler trozos de queso cada vez más grandes, también los humanos están obligados a seguir trabajando, cuando ven que su trabajo es apreciado, utilizado y celebrado.

8: Usa paquetes de recompensas para empleados personalizados

Cuando estés considerando recompensar a los empleados, recuerda que las personas quieren cosas diferentes, en diferentes etapas de sus vidas. Por lo tanto, trata de mantenerte al tanto de los gustos y preferencias de ellos. Por ejemplo, un viaje a Cancún con todos los gastos pagados puede sonar maravilloso para las personas más jóvenes de la empresa, pero puede tener un atractivo limitado para los empleados que están a punto de retirarse. Los paquetes de incentivos tienden a funcionar mejor cuando hay al menos tres opciones para elegir. Entonces, además del "viaje a Cancún", considera agregar premios alternativo.

9: *Realiza ceremonias para reconocer a los que logran demasiado*

Por cursi que parezca, elegir un "empleado del mes" realmente funciona. No tienes que poner un retrato enmarcado a bajo precio en la pared. Pero llevar a cabo un ritual en el que un empleado (o grupo de empleados), sea honrado públicamente por un trabajo excepcional, en realidad ayuda a motivar a tu fuerza laboral. De hecho, recibir un reconocimiento público de tus pares es a menudo la mayor fuente de motivación intrínseca.

La emoción de la victoria desaparecerá rápidamente si no trabajas para idear algún tipo de ceremonia para atraparla. Como comentó el duque de Wellington en la batalla de Waterloo:

... nada, excepto una batalla perdida, puede ser tan melancólico como una batalla ganada.

Después de que tu equipo logre superar un hito importante, tómate un momento para detenerte y reconocer el papel de cada miembro. Siempre habrá más trabajo por hacer. Y, por su propia naturaleza, las visiones corporativas nunca son completas. Entonces la guerra siempre estará ahí esperándote mañana.

Por lo tanto, cada vez que tu equipo logre un objetivo, trata de hacer que sea obvio para todos, cómo "la realización de este objetivo" afectó positivamente la escalada de la montaña del equipo. Esta forma de refuerzo positivo proporciona a los miembros del equipo una sensación de logro y confianza. Nuevamente, esta es la razón por la cual el marco OKR es tan rico. Debido a que el progreso se juzga en victorias trimestrales, y las métricas de resultados clave proporcionan objetivos alcanzados, que muestran los logros de los empleados a sus pares.

Ca 9: Revisiones del desempeño de los empleados

Todos nosotros en el mundo corporativo (en un momento u otro) hemos asistido a una reunión de evaluación de desempeño. Tal vez fuiste tu quien dirigió la revisión, o tal vez fue la víctima sentada en el escritorio, en un estado de terror. Desafortunadamente, la mayoría de las revisiones de desempeño, aunque son bien intencionadas, generalmente se ejecutan mal. De hecho, es justo decir que la mayoría de las revisiones realizadas en la mayoría de las corporaciones, probablemente hagan más daño que bien.

Dicho esto, en este capítulo, vamos a tratar de diseñar un proceso más productivo que pueda hacer que las sesiones de revisión del desempeño de los empleados sean un poco más llevadera y fructífera.

Preparación de los empleados

Cada corporación tiene un formato único para realizar evaluaciones de desempeño de los empleados. Pero, cualquiera que sea el formato que elijas, es de suma importancia que tus nuevos empleados no se sorprendan con las preguntas, durante su primera sesión de revisión. Por lo tanto, mucho antes de la reunión, presenta a tus empleados un esquema, que detalle cómo se llevan a cabo las evaluaciones de desempeño y qué se espera de ellos durante la entrevista.

También es útil que el empleado esté familiarizado con las métricas que se utilizarán para medir su rendimiento trimestral. Desafortunadamente, incluso en el mejor de los casos, tales métricas son a menudo bastante etéreas. Y el comportamiento y el desempeño de los empleados es difícil de cuantificar. Puedes verte tentado a emplear métricas OKR en esta sesión de revisión. Pero, como hemos advertido anteriormente en este libro, el uso de objetivos OKR (u otros marcos de fijación de objetivos), para las métricas de revisión del desempeño de los empleados, puede no ser fructífero, debido a que el cumplimiento de los objetivos de los OKR a menudo depende de factores que están fuera del control del empleado, como las acciones de otros miembros de tu equipo, las fuerzas externas del mercado o incluso la suerte.

Preparación del Gerente.

Como gerente, es tu trabajo prepararse para la conversación con el empleado. Si participas en tales entrevistas y "tocas jazz", entonces estas sesiones serán menos fructíferas y puedes perder una oportunidad importante de retroalimentación y refuerzo. Lo que es más importante, las sesiones de revisión son una oportunidad para alentar a tus empleados en su camino hacia un mayor éxito y felicitarlos también, por los logros del trabajo pasado.

Si eres nuevo en la realización de sesiones de revisión de empleados, a menudo es mejor realizar una sesión de revisión con un colega. Finge que eres el empleado y él el jefe. Y luego, enciéndelo. Juega con el empleado y dejalo ser el jefe. Al imitar una sesión de revisión desde ambos lados del escritorio, esto te dará una visión única de la perspectiva de ambas partes. Toma notas en el camino; y, cuando finalmente estés listo para llevar a cabo la sesión de revisión real de los empleados, será muy útil tener un breve resumen de cuatro o cinco puntos que desearás discutir durante la reunión.

Recuerda intentar siempre terminar en un tono positivo. Pero, lo más importante, el último punto en tu esquema debe implicar algún tipo de paso de acción, que debe realizar el empleado en el próximo trimestre.

No te alabes ni critiques hasta el último momento

¿Alguna vez has escuchado a un empleado decir: "¡Es la primera vez que alguien me cuenta esto!"

Es importante que la sesión de revisión de los empleados en sí misma no sea la primera vez que un empleado haya recibido elogios o críticas. Si es así, es probable que se sorprenda emocionalmente en una dirección positiva o negativa. Y sacudir su estado neurofisiológico de esta manera obstaculizará su capacidad de participar en un discurso efectivo.

Lo ideal es que sea elogiado y criticado cuando sea apropiado durante toda la semana laboral. De tal manera que, para cuando la sesión de evaluación de desempeño realmente ocurra, simplemente debería ser una revisión de los asuntos ya discutidos, y solo enfatizar los puntos más importantes.

El arte de la conversación

Mantener una actitud de conversación saludable durante una evaluación de desempeño es deseable y beneficioso para una comunicación clara. La actitud y el estado de ánimo (establecido por ti) a lo largo de esta reunión es fundamental para un discurso fluido, de principio a fin. Lo más importante es que el empleado tiene que confiar en que realmente estás buscando sus mejores intereses y que realmente deseas mejorar su estado en la empresa. Y que no solo estás jugando a la política corporativa, ni criticando sus deficiencias.

Si encuentras que lo unico que estás haciendo es hablar, o si la reunión comienza a sonar como un seminario o una conferencia de seguro de la universidad, entonces la evaluación de desempeño probablemente no va bien.

Recuerda, los empleados felices crean empresas más rentables. Por lo que la evaluación de desempeño podría ser un juego de política arriesgada en la que se discuten los aspectos positivos y negativos de las tareas; pero (después de lo cual) ambas partes abandonan la sala con el compromiso de un cambio positivo y productivo.

Para alentar un mayor diálogo durante la reunión, aquí hay algunos temas de conversación para que el empleado hable:

- Pregunta 1: ¿Cuáles son los objetivos principales que deseas lograr con esta empresa en los próximos 12 meses?

- Pregunta 2: ¿Qué tarea crees que será la más difícil el próximo trimestre?

- Pregunta 3: ¿Hay algo que este departamento pueda hacer por ti que te facilitaría realizar esta tarea?

- Pregunta 4: Durante un mes laboral típico, ¿cuántas veces te gustaría recibir feedbacks?

- Pregunta 5: ¿Actualmente sientes que estás siendo microgestionado, o deseas tener más autonomía en tu posición?

- Pregunta 6: ¿Qué puedo hacer para ser un mejor gerente?

Evaluar el trimestre, no la semana.

Durante las sesiones de evaluación del desempeño, existe una tendencia natural a concentrarse en las últimas dos o tres semanas de eventos en la oficina. Pero esto no es de lo que debería tratarse en una evaluación de desempeño. Al contrario, se supone que debes revisar el desempeño del empleado en todo el trimestre.

Por lo tanto, solo trata de mantenerte al tanto del hecho de que tu cerebro puede llevar tu evaluación trimestral de rendimiento por eventos recientes, en lugar de eventos que ocurrieron hace meses. Es por eso que es beneficioso mantener un registro informal de atributos positivos y negativos sobre el desempeño del empleado, cada mes. Para que, en el momento en que realmente te sientes para la discusión, la reunión sea menos sobre lo que sucedió el martes pasado, y más sobre la cantidad de eventos que has anotado para ti.

Intenta ser positivo

Al reunirte con un empleado, algunos gerentes tienden a saltar directamente a las crítica del desempeño laboral. Si bien esto es obviamente importante, uno debe tener cuidado de no dejar que la negatividad abrume toda la reunión. Recuerda, los empleados también son personas. Tienen emociones y reflejos defensivos, que pueden entrar en acción, incluso cuando se les presenta una crítica lógica. Este punto es obvio para algunos, pero no tanto para otros, como puede atestiguar cualquiera que haya trabajado en un departamento lleno de ingenieros informáticos.

Así que mantén las cosas positivas. Es importante que las sesiones de revisión futuras no sean temidas por los empleados (año tras año). Fomenta un ambiente de retroalimentación positiva y enfócate en cómo el empleado puede continuar creciendo, qué obstáculos ha superado con éxito y qué aspectos del trabajo del empleado te parecen más admirables.

Intenta usar oraciones como esta:

"Personalmente me impresionó mucho cómo manejó la cuenta de Ginsberg."

Pero así no:

"La empresa se benefició de la forma en que manejó la cuenta de Ginsberg."

La primera oración es mucho más agradable y agrega un toque humano a la interacción.

Que hacer cuando las cosas van mal

Las evaluaciones de desempeño se vuelven difíciles cuando tienes un empleado cuyo desempeño simplemente no ha sido muy bueno. A menudo, no hay una manera fácil de manejar tales casos. Y la forma en que lo manejes dependerá de factores únicos para el problema y únicos para tu organización.

A veces, despedir a un empleado es la única opción. Pero, las sesiones de evaluación de desempeño, generalmente no son el lugar para discutir tales cosas. Si hay algunas áreas que necesitan mejoras, no te rehúses a mencionarlas. Trata de hablar directamente y yendo al punto, en un esfuerzo por reconocer los problemas y aconsejar dando soluciones. Los gerentes débiles (gerentes que realmente odian los conflictos), tratan de evitar criticar. Pero, si intentas esquivar el problema y no eres lo suficientemente directo, entonces un empleado puede no comprender la gravedad de la situación. Y esto no será útil para nadie. Recuerda que el objetivo de estas reuniones es promover el crecimiento, no enmascarar los problemas que deben abordarse.

Solicitar feedbacks

Intenta obtener feedbacks de los compañeros o colegas del empleado. Particularmente de colegas que han trabajado estrechamente con el empleado durante algún tiempo. Es mejor hacer esto en privado, por supuesto. Y no uses demasiado tiempo durante la sesión de evaluación de desempeño de un empleado para preguntar sobre otro empleado. Intenta reunir información sobre colegas durante otras interacciones más informales y no consecuentes.

Escuchar a tu empleado y trabajar para absorber y manifestar sus sugerencias son los rasgos de un buen gerente. Y, cuando las evaluaciones de rendimiento se realizan correctamente, pueden mejorar esas relaciones y con suerte, tus revisiones de desempeño realmente lograrán mejorar el desempeño de tu equipo.

Errores comunes

Teniendo en cuenta lo anterior, tomemos un momento para enumerar algunos de los errores típicos que cometen los gerentes al realizar las revisiones de los empleados.

Error # 1: No use una sesión de revisión de desempeño como una oportunidad para realizar una capacitación de los empleados, coaching de los empleados o como una oportunidad para discutir un aumento salarial.

Puedes realizar reuniones para la compensación salarial o para el desarrollo de los empleados. Pero si intentas mezclar los dos, esto generalmente no es aconsejable.

A menudo es mejor mantener las discusiones sobre el dinero fuera del proceso de revisión (a menos que, en realidad, estés llevando a cabo la revisión con este propósito).

El mayor problema al tratar de fusionar las discusiones de compensación de los empleados con las revisiones de desarrollo de los empleados, radica en el hecho de que, si el empleado piensa que el dinero está sobre la mesa entonces puede quedar atrapado por esta noción. Como solía decir mi antiguo jefe:

"El dinero hace que la gente sea divertida."

No quieres dejar que el indicio de recompensa financiera influya en la forma en que tu empleado responde a las preguntas importantes de revisión.

Error # 2: No dejes a un gerente (que no trabaja con el empleado cada semana), realizar la sesión de revisión.

Obviamente, nadie quiere sentarse y discutir temas corporativos complicados, con alguien cuya vida laboral está muy alejada del día a día del trabajo. Desafortunadamente, las corporaciones a veces tienen el mal hábito de nombrar a una persona para que haga rondas a varios departamentos diferentes, para conocer la aptitud de los empleados. A menudo, este intruso tiene un conocimiento limitado de las operaciones diarias y puede estar preguntando sobre cosas de las que no sabe absolutamente nada. Entonces, obviamente, cuando esté diseñando su jerarquía de revisión corporativa, trate de evitar tales dificultades y obtenga comentarios de los gerentes inmediatos.

Error # 3: No sorprendas al empleado un lunes por la mañana a las 8:00 a.m. diciendole que "su evaluación de desempeño es hoy."

Avise al empleado con anticipación sobre la fecha y hora de su sesión de revisión. Y dile lo que esperas de él. Esto le da tiempo a las personas para recopilar documentos y estadísticas. Pero, lo que es más importante, les da a los empleados tiempo para prepararse mentalmente para la reunión.

Error # 4: No seas vago en tus comentarios.

Algunas organizaciones brindan comentarios sobre el rendimiento en forma de métricas numéricas o incluso calificaciones con letras. Si bien estas cosas no son malas en sí mismas, si lo único que un empleado puede ver en su boleta de calificaciones es una "C-", entonces esto puede ser inquietante.

Además, los valores numéricos breves y las oraciones vagas de una sola línea pueden ser claros para la persona que realiza la revisión del empleado. Pero cuando los gerentes de contratación (o departamentos de recursos humanos) se encuentren con estos datos en el futuro, no tendrán ninguna información de fondo que describa por qué se dieron esos puntajes.

Así que trabaja duro para desarrollar un sistema más completo para calificar el rendimiento. Uno que sea claro para el empleado, para el gerente que realiza la revisión, e incluso para futuros gerentes (o superiores), que pueden ver estos datos en los próximos años.

Error # 5: No ignores los problemas que plantean tus empleados, solo para posponerlos hasta el próximo trimestre.

Los gerentes tienden a ser buenos para escribir problemas durante las sesiones de revisión. Pero, desafortunadamente, esta es la medida en que los problemas de los empleados son seguidos.

Si hay una razón por la cual un empleado (o departamento) vacila tanto, las sesiones de revisión deberían (idealmente) resolverlo. Esfuérzate por hacer que los empleados discutan los problemas percibidos. Y, en lugar de simplemente registrar sus problemas, intenta llegar a algún tipo de solución. Esto no siempre es posible, por supuesto. Pero ten en cuenta la tendencia natural a preferir "pasar el dinero", pasar al siguiente gerente, en el próximo trimestre o en el próximo año.

Error # 6: No evaluar peculiaridades o rasgos personales. Evaluar comportamientos y resultados.

Cada empleado viene empaquetado con diferentes hábitos y rasgos personales, así como con diferentes opiniones sobre liderazgo, motivación y conciencia. Además, la actitud externa que un empleado muestra a otros empleados puede variar dramáticamente. No todas las personas en el mundo están diseñadas para tener el carisma de un orador de autodesarrollo (a la Tony Robbins), ni las habilidades de oración de Barack Obama.

Las personas son diferentes.

De hecho, si estás acostumbrado a trabajar con personas técnicamente capaces o altamente inteligentes, notará que a menudo son bastante retraídas e introvertidas. Y muchos de ellos tienen peculiares (a menudo encantadores) comportamientos y rutinas. Trabajar con las idiosincrasias de sus compañeros humanos es parte de la experiencia de ser humano. Y tus sesiones de revisión de empleados no son el momento para tratar de pisotear estos rasgos. En cambio, trata de concentrarte en los comportamientos que se han observado directamente el último trimestre, particularmente en los resultados positivos que tu empleado pudo lograr.

Ca 10: Cómo organizar una reunión efectiva

La mayoría de los temas discutidos en el lugar de trabajo, generalmente no requieren una reunión. Y, la mayoría de las decisiones importantes, no se deciden, después de una presentación esclarecedora de PowerPoint, ni de alguna revelación presentada después de una discusión profunda (con docenas de empleados) alrededor de una gran mesa circular. En cambio, como la mayoría de nosotros en el mundo corporativo ya sabemos, las grandes decisiones e ideas novedosas e innovadoras, a menudo surgen durante la autorreflexión aislada. Los planes reales a menudo se garabatean rápidamente en servilletas de restaurantes o llegan a los taburetes del bar. La mayoría de las comunicaciones entre oficinas se realizan a través de un buen correo electrónico (anticuado). Recordemos nuestro chiste favorito otra vez: el acrónimo CEO generalmente no significa "Director Ejecutivo." Significa "Director de correo electrónico."

Además de las interacciones por correo electrónico, la mayoría de las personas prefieren las conversaciones individuales (e informales) de estilo "congelantes." Solo unos pocos momentos con cinco miembros del personal, individualmente, pueden ser más productivos, que reunir a todos para una larga reunión.

Pero, con esto en mente, tenemos que aceptar que las reuniones sí juegan un papel en la vida corporativa, así como en la experiencia humana. La gente (probablemente) se ha estado reuniendo y sentada en un círculo para discutir temas importantes, desde que el hombre inventó el fuego. Hay valor en tales intercambios (a nivel psicológico, si no económico). Por lo menos, asistir a una reunión con tus compañeros de trabajo es similar a preguntarles sobre el clima cuando los topas en el pasillo. Nadie que se preocupe por el clima está realmente muy preocupado por la presión barométrica actual. Más bien, estas microconversaciones son el "lubricante social" que nos permite coexistir con nuestros compañeros mamíferos carnívoros y mantener la cortesía.

Cuando tus compañeros de trabajo se preguntan sobre el clima (o el partido de baloncesto de la noche anterior, o la "esposa e hijos"), lo que realmente están haciendo es decir: "Nuestra relación está bien, ¿verdad?" Tu respuesta positiva y amigable se toma como una afirmación a esta pregunta. Estos pequeños "pings sociales" son un atributo necesario de nuestro discurso diario. E, incluso si las reuniones en tu lugar de trabajo solo logran dar a todos un vistazo del estado actual de la dinámica del grupo y la satisfacción unificadora de la "solidaridad grupal", eso solo podría ser lo suficientemente valioso como para justificar algunas reuniones, a pesar de lo frívolo que es en realidad el contenido de la reunión.

Pero, aparte de los incentivos psicológicos, analicemos algunos consejos que podrían permitirte obtener más valor de la mesa redonda semanal de tu equipo.

Consejo 1: Asegúrate de que cada persona tenga una razón para estar allí.

Capacitamos al personal corporativo para emplear los principios de los OKR. En consecuencia, creemos que tener una "razón objetiva" para hacer las cosas es algo importante.

Si ha pasado una cantidad de tiempo en problemas corporativos, probablemente te hayas encontrado caminando en las reuniones de la junta, por razones que nunca te quedaron del todo claras. Entonces no hagas eso. Las reuniones son efectivas cuando todos en la sala saben exactamente por qué están allí y qué se debe hacer. El fallecido gran Steve Jobs fue famoso por expulsar despiadadamente (y torpemente) a las personas de las reuniones que (sentía) "no necesitaban estar allí."

Entonces, antes de que comience una reunión, escribe la agenda y envíala por correo electrónico a todos. Este correo nunca debe tener la forma de un esquema de 2,000 palabras (que nadie leerá), ni una presentación de PowerPoint descargable (que nadie descargará). En cambio, el correo de los objetivos iniciales de la reunión debe ser en forma de un mensaje de dos o tres oraciones. Si es más largo que eso, probablemente lo estés haciendo mal. Si te sientes inclinado a enumerar exactamente quién debe asistir, házlo.

Consejo 2: No invites a demasiadas personas

Trabaja duro para mantener tus reuniones pequeñas. Agregar más personas en una habitación puede complicar las cosas. Con cada criatura social que agregas a una habitación, aumentas la carga de trabajo social que todos los demas en la habitación deben soportar.Las reuniones funcionan mejor cuando las únicas personas que asisten son las personas reales que necesitan recibir la información. Las compañías más grandes a menudo agregan asientos a lo largo de las salas de reuniones, donde los asistentes de los gerentes superiores se sientan, observan, toman notas y (a veces) se burlan. Dependiendo del tipo de empresa para la que trabajes, esto puede ser inevitable. Pero, desaconsejamos este tipo de diseño de reuniones. Llenar una reunión con personal innecesario a menudo provoca consecuencias psicológicas negativas. Al igual que llenar las gradas con fanáticos que gritan en un juego de béisbol, resalta los rasgos competitivos y agresivos del equipo local; llenando una sala con personal innecesario, podría incitar conversaciones que sean más pugnas de lo necesario.

Consejo 3: Usa un temporizador

Recordemos la Ley de Parkinson nuevamente:

El trabajo se expande para llenar el tiempo disponible para su finalización.

Casi siempre puedes transmitir tanta información importante en una reunión de media hora, como puedes hacerlo en una reunión de una hora. Si le das a las personas 10 horas para tomar una decisión, entonces se tomarán 10 horas. Si les das 10 minutos, lo harán en 10 minutos. Puede haber casos en los que una gran revelación sólo se revela en la 9ª hora de la reunión. Pero, como todos hemos experimentado, esto es raro, y por lo general las decisiones tomadas en la primera hora tienden a ser las que en última instancia van tomadas con todos modos. Así que mantengan esas reuniones cortas y usa un temporizador (colocado de manera prominente en el frente de la sala), para que todos sepan cuándo "se acabó el tiempo."

Consejo 4: Las pizarras están bien, pero PowerPoint no

Mucho se ha escrito sobre los horrores de PowerPoint. Es uno de esos inventos que todos usan pero a nadie le gusta. Esto no es necesariamente culpa de PowerPoint. PowerPoint es una herramienta de visualización de datos, como cualquier otra herramienta; pero, por defecto, la mayoría de las personas simplemente no son muy buenas en el arte y la ciencia de la visualización de datos en sí. Probablemente hayas asistido pacientemente a una charla de PowerPoint, con animaciones deslucidas, efectos de transición discordantes y (lo peor de lo peor) efectos de sonido de diapositivas. Cuando PowerPoint es malo, es malo. Pero, si tienes la oportunidad, tómate un momento para buscar en Google los nombres de David McCandless o Hans Rosling. Estos dos hombres realmente saben cómo hacer la visualización de datos. Y para ellos, la animación mejora la presentación, en lugar de aburrir al público. Así que no seas demasiado duro con el pobre y viejo PowerPoint. Al contrario, simplemente reconoce que la mayoría de las reuniones corporativas no garantizan el tiempo y la habilidad considerables necesarios para compilar una presentación de diapositivas. Por lo tanto, como regla general, casi siempre es mejor seguir usando la pizarra de la sala de reuniones, sobre cualquier otra pieza de tecnología.

Consejo 5: Evite iPhones y computadoras portátiles

Toda mi vida reside en mi computadora portátil. Todos los documentos y correos electrónicos que he creado desde 1996 viven en mi confiable computadora portátil MSI. No podría vivir sin eso. Tengo sentimientos similares acerca de mi iPhone (desafortunadamente).

Sin embargo, las computadoras portátiles y los teléfonos inteligentes tienden a distraer demasiado en las reuniones corporativas. Incluso cuando se justifica la toma de notas, el ruido de las teclas del teclado y el deslizamiento de las pantallas, a menudo se entrometen en una transmisión de información fluida.

Por lo tanto, intenta esto: antes de que comience la reunión, coloca un ladrillo de papel blanco para impresora y varias tazas de bolígrafos y lápices en el centro de la mesa. El objetivo es alentar a los participantes a que tomen notas y recordatorios simples para ellos mismos, en hojas de papel que puedan llevar consigo, de vuelta a su escritorio.

Para reducir la tentación del personal de revisar obsesivamente sus teléfonos en busca de mensajes de texto y correos electrónicos, nuestro truco favorito consiste en colocar una caja insonorizada cerca de la puerta de la sala de juntas. Se le pide a cada ocupante que deje su teléfono en la caja, hasta que termine la reunión. La insonorización es importante aquí, porque esos teléfonos "emitirán pitidos" durante toda la reunión. Y si sus empleados pueden escuchar el sonido, se distraerán instantáneamente.

Admitimos que todo esto parece un poco infantil al principio. Pero en este mundo nuevo y valiente de interminables distracciones dopaminérgicas tecnológicas, los tiempos drásticos requieren medidas drásticas.

Consejo 6: Trata de evitar llamadas de conferencia

Las mejoras en Internet de banda ancha, los altavoces de los teléfonos y la tecnología de micrófonos han hecho que las llamadas de conferencia sean comunes en la oficina modernas. Es habitual sentarse en una llamada con diez personas (todas las cuales pueden trabajar en el mismo edificio), y cada una se niega a abandonar su cubículo; en cambio, usan el tiempo para jugar al solitario, mientras escuchan (a medias) el zumbido de un auricular de plástico.

Obviamente, algo se pierde cuando usamos dicha tecnología. Sentarse frente a un altavoz de plástico nunca tendrá el mismo efecto psicológico que sentarse frente a un rostro humano. Dadas las consideraciones internacionales de la oficina moderna, tales llamadas pueden ser inevitables en su lugar de trabajo. Pero, siempre que sea posible, trata de evitar tales llamadas.

Si el tiempo o la proximidad son un problema, trabaja duro para programar el tiempo real de todos modos, o al menos, intenta minimizar la cantidad de personas que confían en este tipo de comunicación en tu empresa. Estamos de acuerdo, la humanidad probablemente tendrá éxito en eliminar la necesidad de interacción cara a cara algún día (y en algunas industrias, ta se ha hecho). Pero aún no hemos llegado allí.

Consejo 7: Finaliza la reunión con pasos de acción especificos

Es posible que hayas oído hablar del infame asesinato de Kitty Genovese en 1964, y del fenómeno psicológico social que resultó de él conocido como "El efecto espectador." Algunos dicen que este fenómeno contribuyó a la muerte de Kitty, quien supuestamente pidió ayuda a sus vecinos, pero fue ignorada y se la dejó morir en el pasillo de un edificio.

El efecto espectador ocurre cuando una multitud de personas es testigo del mismo evento, pero nadie toma ninguna acción, porque cada persona supone que la otra persona "va a hacer algo."

¿Qué tal otra historia?

En 1973, se le pidió a John Dean que testificara ante el Comité de Watergate del Senado sobre cualquier irregularidad que observó en la administración de Nixon. John Dean recordó sus interacciones con Richard Nixon en vívidos detalles, y dio una interpretación de cada juego de sus conversaciones en la Oficina Oval. Pero más tarde, se reveló que Nixon había grabado en secreto todas sus reuniones de la Oficina Oval. Después de esta revelación, el investigador de Harvard Ulric Neisser comparó el testimonio de Dean con el contenido real de las cintas de Nixon. Y lo que encontró se convirtió en el caso de estudio de su libro sobre los fracasos de la memoria humana. En resumen, la confianza que puede tener, sobre qué tan bien funciona su memoria, o qué tan bueno es su recuerdo de eventos pasados, no coincide con lo que realmente sucedió en el pasado. Nuestros recuerdos están coloreados por las emociones y perjuicios que aportamos a cada interacción. Además, cada vez que nos recostamos y accedemos a uno de nuestros recuerdos, lo cambiamos (solo un poco). Y cuando ejecutas esta "tarea de recuperación de memoria" (durante años y años), acumulas lentamente una gran cantidad de alteraciones neuronales, que te impiden recordar con exactitud lo que realmente sucedió.

Entonces, ¿qué podemos aprender de estas dos anécdotas? ¿Qué nos enseña el asesinato de Kitty Genovese y el testimonio de John Dean de Watergate sobre la interacción humana? Desafortunadamente, las reuniones corporativas son susceptibles a estos dos defectos humanos.

¿Alguna vez has visto a un equipo de empleados alejarse de una reunión corporativa, solo para regresar la próxima semana sin haber hecho absolutamente nada? ¿Por qué? Porque todos pensaban que el otro lo iba a hacer.

¿Alguna vez has visto a dos empleados en una reunión, discutiendo sobre lo que se discutió en la reunión la semana pasada? ¿Has notado que cada empleado está convencido de que su interpretación de la reunión anterior es la representación objetivamente correcta?

Todos en el mundo corporativo han sido testigos de tales eventos. Son parte integrante de ser un humano limitado, forjado con peculiaridades de la mente y fallas de memoria.

Entonces, ¿cómo podemos solucionar esto?

Como discutimos anteriormente, a menudo preferimos limitar el uso de la tecnología en la mayoría de las reuniones. Pero debemos asegurarnos de que una gran variedad de bolígrafos de colores y resmas de papel blanco simples adornen las mesas de nuestras salas de reuniones.

Por lo tanto, cuando llegue el momento de concluir tu reunión, asegúrate de que los pasos de acción se asignen a los empleados especificos, o DRI (personas directamente responsables), que ya hemos comentado en capítulos anteriores.

Mantenlo simple. Toma una hoja de papel y escribe una oración compuesta de tres bits de información:

1. El nombre del DRI (individuo directamente responsable)
2. El nombre de la tarea.
3. Y, la fecha de finalización.

Por ejemplo, la oración podría verse así:

- Jason "diseñará nuestro folleto de la convención "antes del "martes."
- Alexander "firmará el contrato de Dunder Mifflin "antes de "la próxima semana."
- Sarah "contratará a un nuevo diseñador gráfico "antes de "febrero."

Ten en cuenta lo breve y simple que es cada paso de acción. De nuevo, cada uno contiene solo tres elementos. El nombre del empleado, la tarea y la fecha de finalización.

Al final de cada reunión, debes tener tres o cuatro de esas notas. Es decir, tres o cuatro "acciones, oraciones, pasos" deberían haber sido escritas.

Para mantener las cosas organizadas, considera fijar cada pedazo de papel en un panel de corcho en la sala de reuniones. De ese modo, todos pueden ver en qué están trabajando los demás, y (la próxima semana) cuando se reúnan de nuevo, nadie se siente obligado a exclamar: "¡No fui responsable de hacer eso!"

- Al asignar tareas a los miembros individuales del equipo (y no al equipo), eliminamos el efecto espectador.
- Y, al escribir estas tareas en papel, eliminamos la necesidad de confiar en la memoria humana errante.

De hecho, incluso si una tarea va a ser realizada por varias personas, la cosa mejor suele ser simplemente elegir una persona responsable (DRI).

Una vez que hayas anclado cada tarea a tu panel de corcho, no tengas miedo de agregar notas a la página o alterar los objetivos con el tiempo. En la próxima reunión, si la tarea se ha completado y el documento ya no es útil, simplemente bótalo y continúa con las nuevas tareas.

A menudo, encontrarás que las tareas (creadas de esta manera) crecerán y cambiarán con el tiempo.

- A veces, una tarea generará una tarea completamente nueva, cuya necesidad no era evidente cuando se creó la tarea inicial.

- A veces, un empleado se enfermará o se verá agobiado por otros problemas urgentes. En tales casos, su nombre simplemente puede tacharse. Y se puede escribir un nuevo nombre de empleado en su lugar.

- A veces, una tarea es tan fructífera que su finalización requiere la creación de un departamento completamente nuevo o abre una nueva fuente de ingresos para tu empresa.

Puedes sentirte inclinado a alterar nuestro sistema descrito anteriormente, para satisfacer mejor las necesidades de tu propia organización. Es posible que los lectores con una formación más técnica ya estén utilizando sistemas de gestión de tareas similares, como el "Scrum." Pero, sea cual sea el sistema que elijas, solo asegúrate de tener alguna forma de rastrear y registrar los objetivos, que se deciden en cada reunión.

Conclusión

¿Realmente cambia algo en tu vida después de ver una película emocionante o leer un libro inspirador?

Bueno no…

Por lo general, nada cambia.

En realidad, debes utilizar la nueva información y convertirla en algo práctico y tangible. Simplemente leer un libro no te dará más confianza, no mejorará tu postura ni te ayudará a administrar tu negocio. A menos que trabajes rigurosamente para aplicar estos conceptos, las neuronas de tu cerebro cederán gradualmente (y naturalmente) toda esta información, en cuestión de semanas.

Humorísticamente, muchas personas piensan que simplemente mantener la información (en forma de libro) es suficiente. Se ha estimado que solo el 20% de los libros que se compran, en realidad, se leen. Entonces, si has llegado a este punto, ¡felicidades! Solo 1 de cada 5 personas ha llegado tan lejos como tu. (¡Debes ser una persona sabia de verdad!)

Hora de tomar medidas

Hay pocos atajos en el camino hacia el éxito. Si deseas lograr un cambio positivo en tu lugar de trabajo, solo una acción diaria enfocada puede ayudarte a aplicar toda esta nueva información.

Nunca sabrás si alguna técnica dada funciona para tu organización, a menos que la pruebes. No todos los métodos funcionarán para todos los lectores. Pero es solo a través de "tomar medidas" que lo sabrás con seguridad. Es este el primer paso, "comenzar" que siempre es el más difícil. Como dijo Mark Twain:

El secreto para salir adelante es comenzar.

En cualquier búsqueda, es en los primeros pasos donde la gran mayoría de las personas tropiezan. El fracaso puede ser aterrador. Pero si dudas y pierdes tu oportunidad, nunca sabrás lo que podría haber sido.

Evitar pensar demasiado

Así que no pases demasiado tiempo contemplando eventos intrascendentes. Investigar más y absorber continuamente un mar infinito de información puede (a veces) crear una falsa sensación de logro.

En una entrevista de 1929 con "The Saturday Evening Post", Albert Einstein dijo:

> **Leer después de cierta edad desvía demasiado la mente de las actividades creativas. Cualquier hombre que lee demasiado y usa muy poco su propio cerebro, cae en hábitos vagos de pensamiento, así como el hombre que pasa demasiado tiempo en el teatro está tentado a contentarse con vivir indirectamente, en lugar de vivir su propia vida.**

Es tentador caer en esta trampa.

Todas las lecturas e investigaciones que hayas realizado no te serán de ninguna utilidad si no das el primer paso para hacer algo productivo. Solo promulgar un plan de acción conduce al éxito potencial. Como Einstein insinuó, continuar reuniendo datos, sin acción, es solo mera pereza mental y procrastinación.

Evitar la procrastinación

La procrastinación es el acto de posponer algo intencionalmente hasta una fecha posterior, aunque deba hacerse de inmediato. La procrastinación puede descarrilarte de alcanzar tus metas. Puede asustarte sin previo aviso, y se disfrazará de otra cosa para engañarte. Para los gerentes, la procrastinación a menudo se presenta en forma de "trabajo adicional." Es decir, un trabajo no esencial que insistimos en hacer, mientras evitamos hacer el "trabajo real."

Sobre el perfeccionismo

El perfeccionismo es otro demonio esquivo que encontrarás en tu camino de gestión. También es la "tuerca de gestión" más difícil de enroscar. Debido a la cuidadosa consideración de los detalles minuciosos, a veces (de hecho) aumenta el valor de un producto. Así que si hay espacio en este mundo para perfeccionistas. Sin embargo, la mayoría de los pequeños ajustes organizacionales (a cualquier producto o equipo dado), generalmente no tienen absolutamente ningún efecto en el resultado final. Por lo tanto, ten en cuenta este fenómeno y siempre ve del lado de la acción, en lugar del perfeccionismo pedante.

Tenga cuidado con los trucos de gestión (especialmente los digitales)

Notarás que, en este libro, no hemos mencionado ningún paquete de software de administración específico, ni te hemos recomendado que inviertas en ningún dispositivo digital.

Esto fue intencional.

Pero, la exclusión del software de este libro no implica que estamos necesariamente en contra del uso de la tecnología en la gestión. De hecho, existe un buen software de los OKR, SCRUM, SMART y otro software corporativo de seguimiento de tareas (además de una serie de dispositivos de gestión del tiempo, aplicaciones para teléfonos inteligentes y varios sistemas de gestión de empleados basados en la nube).

Pero, en nuestra experiencia, la mayoría de las oficinas más pequeñas podrían realizar adecuadamente la mayoría de las tareas de administración con solo un lápiz, papel y un gran panel de corcho montado en la pared.

Si tu empresa está creciendo rápidamente y la cantidad de empleados se está moviendo a los tres dígitos, entonces comprar (o desarrollar) un software de administración interno podría ser productivo. Pero ten en cuenta que, si actualmente no estás rastreando con éxito a tus empleados con lápiz y papel, digitalizar esta información probablemente no sea útil.

Así que trabaja duro para perfeccionar este proceso, utilizando primero la "tecnología económica." Y luego considera usar las cosas de alta tecnología en el futuro. Migrar a soluciones de alta tecnología es mucho más fácil después de que ya comprendas con firmeza el modus operandi de la fijación de objetivos conbaja tecnología.

Tómate un tiempo para ti

Finalmente, como ya hemos subrayado en este libro, es importante tomarse un momento para celebrar las pequeñas victorias de tus empleados. Pero, los gerentes también son personas. Entonces, también es importante celebrar tus propias victorias. Como David Deida escribió:

Cada momento de tu vida es una prueba o una celebración.

Fomentar una sensación de logro durante los buenos tiempos, te ayudará a seguir adelante durante los malos momentos. De hecho, incluso las micro victorias, como tachar filas de tu lista de tareas pendientes, son momentos para permitir que la sensación de logro permee tu conciencia y refuerce tu confianza como gerente.

Outro

Ahora, hemos llegado al final de este libro.

Espero haber podido mostrarte el inmenso valor que los OKR tienen para ofrecer. Hemos intentado comunicar cómo el establecimiento de objetivos convencionales (no estructurados) suele ser perjudicial para una empresa y sigue siendo demasiado ambiguo para ser productivo en una oficina moderna.

Pero con los OKR, puedes crear orden a partir de esta ambigüedad, mientras desarrollas un equipo increíblemente efectivo que es abierto, responsable, inspirado y motivado para tener éxito.

Al establecer un marco sólido para establecer objetivos, tu equipo tendrá la orientación necesaria para abordar las tareas más desafiantes y alcanzar sus objetivos organizacionales más ambiciosos.

Cuando se implementan correctamente, los OKR son una poderosa herramienta comercial, que se destaca en su capacidad para alentar a los empleados y gerentes, a trabajar en armonía, hacia una visión corporativa unificada.

Ahora estás equipado con el conocimiento que necesitas para ponerte en marcha con los OKR y comenzar a construir el "equipo de tus sueños."

Te deseo suerte y mucho éxito en tu viaje.

www.ingramcontent.com/pod-product-compliance
Lightning Source LLC
Chambersburg PA
CBHW030631220526
45463CB00004B/1491